本书为教育部人文社会科学研究青年基金项目
“意外事故的综合救济机制研究——以新西兰意外事故补偿法为中心”
（09YJC820006）的阶段性成果

侵权法人文译丛

丛书主编 李 昊

The Damages Lottery

“中彩”的损害赔偿

〔英〕P.S.阿蒂亚 著　李利敏 李昊 译

北京大学出版社
PEKING UNIVERSITY PRESS

北京市版权局著作权合同登记号　图字:01－2008－5945

图书在版编目(CIP)数据

“中彩”的损害赔偿/(英)阿蒂亚著;李利敏,李昊译.—北京:北京大学出版社,2012.8

(侵权法人文译丛)

ISBN 978－7－301－20937－0

Ⅰ.①中…　Ⅱ.①阿…②李…③李…　Ⅲ.①侵犯人身权利罪－赔偿－研究　Ⅳ.①D913.04

中国版本图书馆 CIP 数据核字(2012)第 154615 号

This translation of *The Damages Lottery*, originally published in English in 1997 is published by arrangement with Hart Publishing, Oxford.

《“中彩”的损害赔偿》英文版于 1997 年出版,中文译本由哈特出版公司授权出版。

书　　　名:“中彩”的损害赔偿

著作责任者:〔英〕P.S.阿蒂亚　著　李利敏　李　昊　译

责 任 编 辑:周　菲

标 准 书 号:ISBN 978－7－301－20937－0/D·3135

出 版 发 行:北京大学出版社

地　　　址:北京市海淀区成府路 205 号　100871

网　　　址:http://www.pup.cn　电子邮箱:law@pup.pku.edu.cn

电　　　话:邮购部 62752015　发行部 62750672　编辑部 62752027

出版部 62754962

印　刷　者:北京世知印务有限公司

经　销　者:新华书店

965 毫米×1300 毫米　16 开本　10.5 印张　145 千字

2012 年 8 月第 1 版　2012 年 8 月第 1 次印刷

定　　　价:21.00 元

前言

这本书专门为普通读者而设计，或许他们已经读到很多奇怪的案件，在这些案件中巨额损害赔偿总是判给那些怪诞的事件，这些读者就奇怪是否法律已经疯狂了。本书以非专业性语言书写并且不要求对法律和法律体系有一定知识背景。出于同样的原因，本书并不充斥高深的参考书与冗长的注释。但是这并不意味着本书所呈现的事实和数据是凭空捏造的——它们全有文献记录并且来源于享有盛誉的学者和政府的出版物。任何想找此文件的人都可以从彼得·凯恩所写的《事故、赔偿和法律》第五版中找到大部分内容，此书于1993年由巴特沃思公司出版。虽然此书并非专为律师而写，但是他们或许可以从中找到一些对他们有启发的资料，或使得他们对所谈到的问题作出更严肃的思考。

一些读者（特别是那些本人曾经卷入损害赔偿纠纷之中的人们）或许会认为本书对事故受害人缺少同情和怜悯。我完全接受同情和怜悯应有它们合适的位置，而这个位置指的就是在私人关系中。对于那些关心事故受害者的人，即使是像警察或医生此类的公职人员，考虑到事故受害者的情感需求，也只能提供适当的服务。但是处理现钞的法律结构和社会结构必须不时受制于理性讨论，而这种讨论阻碍了，而不是推动了情感的反应。本书所采用的就是这种理性方法。

我在此感谢彼得·凯恩和简·斯特普尔顿对本书提出的富有启迪的建议，感谢我的儿子朱利安对第四章中的示意图的贡献，最后感谢克里斯丁以一位"普通读者"的身份对本书的初稿做出回应。

P.S.阿蒂亚

目录

第一章
损害赔偿诉讼

在1995年到1996年间,国家新闻报道了两个故事。第一个故事是关于一位男士在舞会地板上滑倒致腿骨折。这是一次严重的侵权,使他的身体遭受痛苦,最后他虽然痊愈了,但却长达几个月不能上班。这个舞厅属地方当局所有,受害者获得10000英镑的损害赔偿金(事实上这笔钱却是判由公共纳税人支付),因为他可以证明地板太光滑了所以滑倒。第二个故事是关于一位由于脑膜炎急剧发作而被送到医院的五岁小姑娘。医生为了挽救她的性命而不得不切除她的双腿。这位小姑娘毫无机会从任何人那里获得损害赔偿,因为她生病并非任何人的过错,仅仅是运气不好而已。

本书主要是讨论法律对这两种情形的不同反应。当然,此类情形并不特别。在我们社会上有许多受伤的人和残障人。有些非常不幸生来就有残障;而另外一些由于事故饱受残疾或受伤之苦,有些遭受致人残疾疾病或其他状况的折磨。还有许多意外死亡和出于自然原因而先天夭折的情形。他们之中的大多数人有权从社会保障体系中获取一些救济金或其他救助;有些有权获得地方当局社会服务部门的援助。但是仅有一小部分人依据民事责任制度——也就是律师们所谓的侵权法——获得大量的损害赔偿。谁是这一小部分获得此类损害赔偿的人呢?和数以千计的遭受同样身体上的伤害或残疾的人相比,为什么这些人能够获得如此慷慨的待遇呢?到底是谁在支付这些损害赔偿?这样的制度到底有多么公正和有效?

近年来,对伤害的损害赔偿之诉,无论是真实的还是想象的,变得越来越普遍。至少对有些案件来讲，损害赔偿的标准比几年前高出许多——在最严重的人身伤害案件中，损害赔偿现在在一百万英镑左右或更多。法院不断地承认新型案件，特别是对创伤后压力和其他精神状况的索赔。在过去的五十多年里，法律已经向许多方向延伸——几乎在每一个案件中，法律的延伸总是有利于原告，或者通过增加判给的赔偿的数量，或者通过提高赔偿标准。法律的延伸仍在继续，虽然有些法官终于开始抵制扩大法律责任的尝试，但法律责任还是继续位于前沿。经常能听到“我们正在走美国的路”的抱怨，却总是不解释美国的路是什么和它错在哪里。但是越来越明显的就是现行制度不公平和效率低下到了极点。许多人——特别是律师们——认为现行体制不公平，因为几乎没有几个人能有权利获得损害赔偿，而且获得损害赔偿的人的金额也是很少。他们认为法律体系对事故受害者待遇不公。本书是以事实正好与此相反这样的信念写成的。这个制度是很不公平，但是原因却很不相同。有许多不应该得到赔偿的人得到赔偿，而且赔偿额度很高，而且不应该支付赔偿的人支付了赔偿——事实上是由公众支付的，但却不是按照公平的份额分配的。这个法律体系不仅不公正，而且还成本非常高且效率低下，这已经通过全世界各地的调查研究得到时间的反复证明。

2 本书努力向有所涉及的公民解释一些密切相关的问题，对法律进行简要的解释，并讨论到底是哪个地方出了错。在结论章节中，对于人身伤害赔偿问题从一个全新的视角提供了一些建议。虽然细节有些复杂，但本质上这个主题却是直截了当的，即使是对法律或司法制度没有知识的人也是易于理解的。

过失法

我从简单的解释过失法开始。第一个必须要掌握的是损害赔偿法，或更精确一点，民事责任法并非旨在惩罚任何人。惩罚是刑法的职能，赔偿是民法的职能。对于引起损害的有罪之人惩罚的可能性将在第七章中全面解决，但是此刻我们将集中在赔偿问题上。

在非常直接的案件中，过失法的确非常简单。用一般术语讲，法律规定的是，任何因他人的过错而受伤者可对这些伤害诉请损害赔偿。律师把控诉或起诉方称为原告，而将被诉之人称为被告，固定这些词汇会方便些许。在简单的案件中，对于过错这一法律概念没有任何深奥之处——律师将之定义为根据案件的所有情况，没有尽到合理注意。在大家都熟悉的道路交通事故案件中，过失的概念包括诸如此类的简单过错，例如在具体情况下驾驶过快，在危险的拐弯处超车，没有注意看其他路人等等。更甚者，在诸如此类的简单案件中，许多人觉得法律 3
不仅相当直截了当、容易理解，而且还非常公正。我们先暂时把侵权案件放在一边，来看看这一简单的案件：由于另一司机的过错，某人的汽车遭受破坏，在此种情况下，过错方应该赔偿所带来的损害，这时没有几个人会对法律的公正性有异议。当然了，在特殊情况下，人们或许会激烈争吵谁是真正的过错方，但是在过错的要素很清楚的时候，很少有人会认为让过咎方赔偿损害是不公正的。例如，一个人在把车倒往停车场过程中不小心损害了车，那就没有太大空间来争论这次事故到底是谁的过错，而且诸如此类案件，损害可能是有限的，一位理智的驾车者也会认为过咎方应该赔偿——即便是他本人就是过咎方。保险的存在是个复杂的因素，应该放在后面展开考虑，但是像在这类简单的案件中，双方驾车者有足够的理由不考虑保险，并且要求有过咎的司机赔偿这一公正性通常也无人质疑。

法律仅要求合理注意——它不会要求所有可能的注意，一般也不会对纯事故引起的损害或伤害强加法律责任。例如，很多人可能都经历过由于道路交通事故而滞留，由于心脏病突发导致无力而引起交通事故的司机或许可以免于过失，因为这次事故并非他的过错。是他引起的这次事故,但他并非由于缺少合理注意而有过咎,而是因为心脏病突然发作且毫无预示。一位理智的司机正在开车时感到病得很严重,就算他意识到
4 或能意识到,他也不能很好地控制车辆,他应该把车开到路边,直到等到感觉良好后再开。但是如果他不顾自己身体状况继续开车,那么他或许有过失。注意我所讲的是在此种情况下这个司机或许有过失,而不是他就有过失。这是因为过失必须根据案件的整个情况来判断。所以,比如,不管一位感觉生病的司机应该把车开到路边休息,或是有理由继续开都要取决于一系列的因素——他的病到底有多重?他是否意识到自己或许是心脏病?那时的路况怎么样?他所在的车道是哪个(汽车高速公路或乡间小路)?他是否有合理理由希望继续开或者等等?

另一方面,虽然法律仅要求合理注意,但是并没有任何辩护说司机已经尽全力。他竭尽全力或许并不够好。司机不必炫耀他有戴蒙·希尔或米歇尔·舒马赫的能力和车技,他必须表现出一位普通的理智的小心谨慎的司机的能力。如果一位司机因为是一位糟糕的司机,甚至因为他身体有残疾而完全不能做到这些,那么他就有过失。

必须要强调的一点是,就法律而言,过失是非常小的一种过错。各种举动或许被律师们坚定认为构成过失,但其实只不过略为应受点责备——例如,一位医生没有问病人是否对青霉素过敏,或者一位老板在员工从事嘈杂的工作时没有给员工提供耳罩,而这种工作长期之后会对听力造成伤害。虽然过失有时会造成灾难性的后果(比如,严重受伤甚至死亡),由于这个原因,外行的公众有可能认为已经引发某种严重过错,而律师们却坚持——并且理所当然地坚持——诸如此类后果经常或多或少是
5 偶然的,例如,因为它们也并非真的可预见的。一个微小的过失行为并不能因为由于不幸的灾难对他人造成很严重的伤害就在道德上更应受责难。我们也不应该认为因为被告被认为犯下某种过失行为,他就必然做了在道德上应受责备的事情。

❑ 严格责任

除过失责任之外，律师们还承认另外一种形式的责任，他们称之为“严格责任”。在这些案件中，索要损害赔偿无须证明过失，但是在严格责任案件中，如果能够对伤害索要损害赔偿还是相当不一般的。有两种案件可以索要，这跟我们的目的相关。

首先，对于违反合同可以提出损害赔偿之诉的人不需要证明过失，所以如果你买了危险的或有瑕疵的商品（在法律中是合同），你可以从卖方那里索要赔偿，这个赔偿不仅仅包含商品本身的价值（或修理它们的花费），还包括由此商品所带来的任何损害。比如，如果你买了一台新的洗衣机，而它的电路有问题，洗衣机爆炸把厨房溅得到处是水，放在里面的衣物也被损坏，或许在爆炸中还伤到了你，你可以对所有东西要求赔偿。你不需要证明卖方的过失，你买的商品具有《货物买卖法》所规定的定义范围内的缺陷即已足够。而这些定义实际上非常宽泛。同样的，如果你从屠夫那里买回受污染的肉而中毒，也没有必要证明是屠夫的过错而让肉被感染，因为买肉跟买洗衣机一样，都是商品买卖合同。

其次，还有一些其他案件有时可以根据《1987 年消费者保护法》对有缺陷商品索要赔偿，而且不需要证明过失。如果是起诉卖方的话，这部法 6
律还不是很重要，因为你的权利在《货物买卖法》中已经相当全面；但是如果你想起诉制造商或是进口商（而不是卖方），或如果你们家庭成员中有人受伤，想要起诉某人，那么按照《货物买卖法》起诉或许不可能。在此种情况下，有时候以《消费者保护法》起诉还有可能，并且同样的不需要证明过失。但是你还是要证明商品是“有缺陷的”，实际上，此种严格责任不会经常对你的过失起诉权利有很大助益。

消费者对有缺陷的商品要求赔偿的权利理所当然是法律的重要一部分，但是他对有缺陷商品造成的损害起诉的权利并不是很重要，在本书中我一般会忽略这些有可能进行损害索赔的严格责任。从统计数字上说，与大量的由于过失而索要赔偿相比，严格责任也不是非常重要。

❐ 故意侵权行为

无疑的，民法提供对故意的不法行为、过失和严格责任的救济。因此存在诸如威胁和非法逮捕（严格地说是非法监禁）这类显而易见的侵权，尽管在此“扩展”程序也在继续，并且法官们最近认可骚扰是一种新型的故意侵权，这或许可以很好地表现为是一种法律中重要的“增长”领域。总的说来，这本书并非关注这些故意侵权行为，而且也不可能在本书中找到对一个犯有故意侵权的人要免于或减少其责任的任何提议。但有些案件的确是故意侵权行为所引起的问题，却跟过失行为所提出的问题完全一致，这些将在后面更详细地讨论。这些案件涉及雇主或其他人对不法
7 行为人之行为的责任。例如，当一位警察在逮捕某人时使用过分的暴力（造成侵权），警方当局跟这位警察一样将对损害赔偿负责。这种责任——实际上是作为最后手段的一种公众责任——才是本书最为关注的，并且这种责任所引发的问题同由警官们的过失责任一模一样。但是除了这些，本书并不关注那些不引发任何事情的故意侵权行为，像过失引发的大量索赔和诉讼那样。

❐ 责任是多少？

通常律师们对两个重要问题分得很清。第一个是责任问题，正如已

经解释过的，这主要依靠对过失的证明；第二个就是什么样的损害需要赔偿。即使仔细检查法律的公平或正义，许多人或许会发现要分开这两个问题会很奇怪。当然，大部分人或许会说，法律公正与否不仅取决于被告是否有责任，而且还取决于他要负多少责任？律师们一般觉察不到这点，很可能是因为他们认为损害赔偿法的基本原则是完全不证自明的且通情达理的：被告有责任偿付可使原告能回复原状所需的任何数目的钱，只要是钱能够办到的，所谓原状是指如果不存在过失，完全没有伤害时原告所处的状况。在非常简单的财产损害案件中（比如道路交通事故，损毁了一辆车但却没有造成任何人身伤害），这一原则很容易得到执行。被告需要承担被损坏车的修理费，如果车不得不报废，那被告需按这辆车的市价赔偿。

但是对于人身伤害，特别是在致命的案件中，这一基本原则必须由许
多进一步的规则加以补充，事情就变得复杂很多。此刻我们就应该尽力 8
抓住最本质的，把细节留给以后去补充。

人身伤害案件：经济损失

在人身伤害案件中，原告有资格获得的赔偿分为两种。第一种是包含原告金钱损失的赔偿。比如说原告有可能几周没有上班，那么所损失的工资有几百英镑之多。作为损害赔偿的一部分，这些是全部要赔偿的。这就意味着高薪收入者比低收入者或失业的人得到的赔偿要多。你的收入越高，一旦它被剥夺，你的损失就越大。网球明星莫妮卡·塞莱斯最近正在要求大约一千万英镑作为对她在德国网球锦标赛上被发狂的观众刺伤所造成的收入损失的赔偿，尽管她的要求在第一轮诉讼中失败。一位遭到轻微伤害的（女王的）王室法律顾问也许会因此错过一次出庭而损失几千磅，但是可以从（扣税后的）赔偿中得到全部补偿。一个工人在此期间或许得到的收入补偿仅仅是50英镑。一位家庭主妇并非领薪受雇，

因为她没有损失什么，所以她所得的收入补偿是零，没有工作的人也是同理（另一方面，事实上一些高薪员工在短期无法工作时几乎没有遭到任何收入损失或损失很少，因为老板在他们不在时会继续支付他们几周甚至几个月的工资）。而一位低收入者或许会因此而丢掉工作。

但是，原告不会仅限于对过去损失的收入进行索赔——如果原告遭受的伤害是长期的，他肯定会对将来预计的损失要求赔偿，正是这种对将
9 来损失的赔偿使得损害赔偿膨胀为很高的数额。当然了，一位年轻人的身体遭受永久损害，要补偿其整个工作年限的收入损失，这笔赔偿金数额将会很巨大。哪怕是在他受伤的时候根本毫无收入可言，因为（比如）他那时失业，或者还只是个没有开始工作的学生，也可以对他将来的收入损失要求赔偿，因为有合理理由相信他完全可以在将来受雇用。

如果原告受伤严重到永远无法再工作，那么他在将来有可能挣下的所有东西都将会被视为“损失”，因此为了计算赔偿金额，对其整个一生的收入损失做一个评估是必要的。这总是一桩很难的事情：原告在比较年轻的时候受到人身损害，那么预测如果原告没有遭受此状况将有可能发生的事情是必需的——比如，原告或许会工作升迁，或许会有一个成功的职业生涯，如果是一位女士，她或许会结婚生子，或许一生都在工作等等。甚至预算原告可能会获得多少退休金都是必需的——在原告还未到达退休年龄前。显而易见，所有这些问题只能用一种大概粗略的预先准备好的评估来解决——或许是“瞎猜”。事实上法官们的确在对不确定的可能性作估计，但是理论上法官们应该对事实留有余量（作修正），所以赔偿金额在打折扣（减少），因为即使原告在这次事故中没有受到人身损害，他有可能在将来某个阶段出现失业或者病症。可能有人怀疑这些折扣是否能有效反映我们社会中正在发生剧烈改变的工作前景的可能性。

只要对原告造成非常严重的人身损害——比如永久瘫痪或卧床不
10 起——原告不得不从这种或那种渠道获得收入，终其一生，并且丝毫不奇

怪的是如果原告有资格接受损害赔偿，那么赔偿应该包含他所有的工作年限。但今天的法官们似乎总是很慷慨地裁定其他非严重人身损害案件也按原告永久不能受雇来补偿。比如现今有许多关于创伤后压力症的索赔，医生诊断有许多年轻人不能再次工作，法官们接受这些结果，貌似毫无疑问。1996 年，在上诉法院曾出现过此类案件，给予的赔偿金额达到 130 万英镑，但是原告在几个月之内就几乎完全康复。因为在法院做出最终决议前人们都知道了原告康复这一事实，所以损害赔偿得到实质性的减少——但是如果这一事实几个月以后被人们得知，那原告就有可能获得全额赔偿。

当一个人遭受此种人身损害或惊吓，他可以以下述三种方式之一作出回应：首先，他可以尽力使自己康复，去克服自己的障碍，尽力调整自己并最终找到一份工作，并且尽可能使自己的生活趋于正常。并非每一种人身伤害都导致不能工作——毕竟还有许多残疾人在尽可能过上有用的、令人满意的生活——比如在议会中就有盲人和聋子议员。其他盲人在学术上或在其他行业的事业上也非常成功。道格拉斯 · 巴德尽管在第二次世界大战前的一次事故中失去双腿，但仍然成为一位著名的王牌驾驶员。富兰克林 · 罗斯福尽管因为小儿麻痹症成为残疾人并且必须依靠工具才能走路，但是他仍然当了 12 年美国总统。尽管不是每一个人都能成为巴德或罗斯福，但是许多不得不用轮椅作为行走工具的残疾人在兴致勃勃地要求为他们敞开工作机会。令人矛盾和不快的是，当对赔偿金的索赔悬而未决时，这些人却被告知他们估计不能再次工作了。 11

面对此种回应，若受害者以一种非常不同的方式对自己的人身损害做出反应也不会令人吃惊。受害者有可能就认为自己再也不能过上正常人的生活了，再也不能工作，也就不会费力使自己恢复健康了。第三种可能性是受害人认为他无望恢复，而他的索赔请求还未裁定，他或许会倾向于在决定人生何去何从之前先解决赔偿金问题。

但是目前法律的一个主要问题在于它惩罚以前述第一种方式作出回应的人,而奖赏那些以第二种或第三种方式作出回应的人。从这个角度讲,法律显然对事故受害者发出了错误的信息。法律明确地邀请事故受害者夸大症状,在索赔没有解决之前受害者不用费力恢复健康。那些设法找到某种实用工作的人则只能就他们现在的收入和他们若未受伤可以赚得的收入间的差额获得赔偿。而对于那些说服法官相信他们再也不能工作的受害者却将得到最高的赔偿金——尽管一旦他们获得赔偿,原告也就不可避免地会试图找份有用的工作来做。特别是在最近经济萧条加剧的情况下,出现的高失业率已经导致损害赔偿水平的增加,因为对于那些严重受伤者而言,即使他们身体康复也很难找到工作,他们发现说服法官他们以后再也不能工作还来得简单点。当然法官要根据证据才能决定受害者是否能够再次工作,这样看来医生似乎也要和法官一起为造成现在的状况遭受谴责。他们太轻易地就说受害者再也不能工作了,并且鼓励受害者相信事实就是如此。

一个令人不快的事实就是索赔制度的负面效果不仅局限于主张损害
12 赔偿的案件中。社会保障制度和私人保险制度也在某种程度上遇到同样问题,但是状况却被赔偿金总是一次性偿付的事实所急剧恶化。

除了收入损失,还有各种各样的医疗费用和社会费用需要被估算在内。尽管有国民健康保险制度,但遭到人身损害的人有资格寻求私人医护和医院治疗,而所有的费用(包括预计的将来的费用)应该作为赔偿金的一部分由被告偿付。这项权利扩展到也包括护理费用在内。例如如果原告遭受的人身损害非常严重,而其很可能卧床不起,那么原告有权利对其终生预计的私人护理费用(在最严重的损害情形要求全天 24 小时护理)进行索赔。还有所谓的社会费用。一位受伤的家庭主妇,在其不能行动的时候,虽说不能要求赔偿其收入损失,但是却可以要求赔偿其雇人为其工作的费用。在其他案件中或许会出现其他额外的费用,比如改造甚至是购买特殊性质的房子、车子和其他设施。包含这些费用的赔偿经常是基于最慷慨的基础而给予的,考虑到原告可能遭受的严重伤害,这似乎应受到质疑。但是人们需要时刻铭记的是有许多遭到同样的(甚至更严重的)毁灭性伤害的人,由于这些伤害不是某人的过失造成的,这些人没有得到一毫赔偿金。当把这些牢记在心,那么法律对有权获得赔偿的原告所表现出来的极度的慷慨大方就更令人质疑了。

原则上,这些对经济损失进行的索赔非常简单:一旦原告明白将来的所有损失都包含其中,原告有资格要求赔偿其每一便士的经济损失。当然,在实践中这个程序经常要做出困难的评估。此外,更复杂的是无论何时完成对将来经济损失的评估,赔偿金都要立即支付,但是总金额必须有 13
折扣,也就是必须减少,目的是为了反映原告现在准备接受这笔钱的事实,显而易见,今天能收到的一次性付款比将来用很多年所收到的钱要更值得。这种对将来经济损失进行折扣的方法很复杂且自相矛盾,但是细节不应该困扰我们。真正需要我们明白的是其中的诸多困难都来自于这个事实,赔偿金总是评估过后彻底的一次性支付。在不同的体制下,赔偿金都是按月或是按周发放,在这种情况下再对将来有所预测就不必要了。

伤害案件:非经济损失

第二类主要的赔偿是原告有资格对其非经济损失要求赔偿——有时也会被称为对疼痛和痛苦的赔偿,或对愉悦损失的赔偿。律师们认为,如果原告除了对其所遭受的经济损失获得赔偿外,没有获得对其伤害自身的赔偿,就没有获得完全赔偿。在最严重的案件中,原告终身丧失行为能力——比如致其四肢瘫痪,仅仅偿还其经济损失远非给其提供真正的赔偿。所以原告有权对其"非经济损失"要求额外赔偿。尽管有时候对其称之为对疼痛和痛苦的赔偿,但是却没有必要证明实际的疼痛和痛苦。事实上,哪怕是对一位没有康复希望、终身处于植物人状态的原告而言,也应该判予这些赔偿(尽管通常体现为一种略低的数额)。由于此种原因,现在法官们倾向于把非经济损失赔偿金称之为“愉悦损失赔偿”。

14 当然,对于愉悦损失赔偿金存在一个重要问题,因为没有任何一种方法能计算其真实的经济数额——这些“损失”没有市场价值。这个困难被法院通过一种价格表的方式解决,在价格表中最严重的人身损害现今要给予的价值大约在130000英镑,而其他的人身损害价值以此为标准。虽然没有人自称这是解决此问题完全令人满意的方法,但是它自身有其优点。首先,在行政上它完全可以实施,因为运行该制度的法官们、出庭律师们和保险管理者们在原告的案件中通常都知道价格表,并且他们可以准确地预测大体上的数字。所以,虽然没有人期望能预测出法官有可能判定的非经济损失的准确数字,但是有经验的律师经常会说这个案件位于(比如说)10000英镑到15000英镑之间,或在更严重的案件中属于60000英镑到70000英镑。关于这个体系的第二个优点是它具有合理的内在连续性,在更严重的人身损害中赔偿总是更慷慨。总之,非经济损失赔偿对高收入者和低收入者一视同仁。

对非经济损失赔偿的最大金额就是130000英镑左右是不是太低了?或许许多人都认为是,但必须要谨记的是,在有可能裁定的最大额度的案件中,对经济损失的赔偿金毫不费劲地就上了百万英镑或更多。英国法官们会同意,对非经济损失的最高赔偿标准设定一个固定的金额是异常困难的(最终得到的是不太严重案件的损害赔偿金数据),但是法官们或许会争论,在此类案件中没有必要累计赔偿金额。正如一位法官一次谈到一位终身残疾卧床不起的不幸女孩,从某种意义上讲,就算英格兰银行拿所有的黄金也不能赔偿发生在她身上的损害。对于永远不可能从赔偿
15 金中获得利益的受害者而言,判决再多的钱也是毫无意义的。即使赔偿金可以解决他们的医疗和其他费用,并且赔偿金也可以使他们享受到生命中最好的医疗环境,但是赔偿金再也起不到其他的实质性作用了。

更重要的是,尽管关注事实看起来有些麻木无情,但是不得不面对的

问题是，原告在受伤很重时，在很大程度上他没有能力享用他的赔偿金，大部分的赔偿金都很可能在适当的时候转移给他的继承人，而且通常不会经过很长的时间。那些遭受严重人身损害且因此获得最高额赔偿金的人通常预期寿命都被缩短了。在某种程度上，这个问题现在被这样的事实所缓解，即在最严重的案件中，赔偿金一般通过年金来赔偿，这样当原告去世时赔偿金就理所当然宣告结束。

尽管在非常严重的人身损害案件中，对非经济损失的赔偿金只是裁定的总赔偿金的很少一小部分，但是在非严重人身损害案件中并非完全如此。在《1978 年英国皇家委员会（皮尔逊委员会）报告书》中就估计大概有 2/3 的赔偿金是对非经济损失的赔偿。这比大部分人想的要高，它就是想证实大家对使用整个制度的怀疑。一旦人们理解赔偿金并非意味着对被告的惩罚，理解不管怎样也不是侵权人支付的赔偿，他们也就会接受在多数情况下非经济损失赔偿金是仅次于经济损失赔偿金的方式。显而易见，受害者有收入比得到对疼痛和痛苦的赔偿，特别是对微小伤害的赔偿更重要。如果你对此有疑虑，问问你自己，如果你买保险和支付保险费，你会选择为何种风险投险——你自己的收入损失，还是疼痛和痛苦？实际上整个制度中很大的一部分费用是用于支付非经济损失赔偿的。 16

非经济损失赔偿金作为在人身损害案件裁决中占总赔偿金的一部分，在近几十年来金额有所下降，但下降的原因是经济损失赔偿金额的相对上涨。此种事情的发生是因为现今原告律师们试图用每一种可能的方法想出受害人受伤后有可能遭受到的经济损失。例如，过去原告经常——正如大部分的我们会做的那样——自己修理花园，或装修房子和自己动手做些装饰房子的手工，现在却声称由于自己受伤不能做这些，而不得不雇用其他人来干。很好——（过去和将来）现在对这笔钱的评估变为可以补偿给原告的经济损失。或者，原告原来去上班，现在却只能待在家里，所以在冬天他的屋子就要全天很暖和。所以增加的冬季燃料费便成为另一项经济损失，要补偿给原告。

结果是对非经济损失的赔偿金比过去低些(允许通货膨胀)。它们肯定比美国标准低出很多,众所周知,即使是针对非常轻微的损害,此种赔偿金通常也会飙升到上百万。这肯定是一条我们没有走过的路,而且我们也没有将这么走的可能性,因为在美国损害赔偿是陪审员裁定的而在英格兰则是法官们裁定的。陪审员们往往浪费别人的钱财,并且对他们与其他的公众成员一样,最后必须通过他们的保险费和其他付款来偿还所裁决的赔偿金这一点并不表示欣赏。美国有些保险公司试图在此事
17 上教育陪审员们,甚至向潜在的陪审员发放传单,声称:“高昂的裁决意味着高昂的保险费”。同样的方式在英格兰是不太可能出现的。

当然了,赔偿金的所有因素都是日积月累的,所以原告有权获得其经济损失和非经济损失的总额。除此之外,原告还有权要求其赔偿总金额的利息,由于在严重人身损害中,赔偿金总是历时很多年才会支付。

有时候,公众们在对轻微损害索赔案件中的赔偿金额持一种夸大的想法。公众们在报纸上看到有人在学校被恐吓而得到30000英镑,他们就会认为,对如此小的一个被恐吓的轻微损害而支付赔偿金是很荒唐的。或者,公众们看到一位原告由于其兄弟在希尔斯伯勒灾难①中去世而患创伤后就判给了200000英镑的赔偿金。本书所讨论的是赔偿金额总是过高,但是必须要明白的是这应该建立在原告遭受实际性的收入损失的基础之上。此类案件中的赔偿金额依据医疗事实,医疗事实认为原告身体已被严重损害,导致其患有严重的精神疾病,而且在相当长的一段时间内无法工作,或者导致其终身不能工作。换言之,这些赔偿金的判决并非基于原告被恐吓或失去其兄弟。给予这些赔偿,是因为原告因受恐吓或因其兄弟死亡而遭受精神创伤从而丧失收入(这需要得到证明)。

① 《泰晤士报》,1996年12月12日新闻,第9页。

致命案件

致命案件呈现出相当大的难度。它主要分为两种:第一种,有些案件属于《死亡事故法》的范畴,原告可以由于他(通常是她)所依靠的人的死 18
亡而对其所遭受的经济损失进行索赔。一位靠丈夫生活的妻子在其配偶去世后,或由父母养育的孩子在其父母于事故中去世后,通常会认为他们遭受了经济损失。由于被告的疏忽大意,这类经济损失是可以补偿的,这跟生存的意外的受害者可以获得经济损失补偿是一样的。首先必须要知道的是死者生前给配偶或孩子的花费是多少,然后需要评估这种扶养关系还要持续多久,接下来要做一个整体评估,对将来的收入打个折,因为他们即将要获得的是大宗应付款额。至于对生存的受害者而言,规则相对更直接——原告有权对其所损失的每一分经济损失要求完全赔偿——但显然精确的量化总是转为大概的估计。在此声明,一个高收入的家属所得到的赔偿金要高于低收入的家属获得的赔偿金。更甚者,一位完全靠有钱丈夫养活的年轻妻子所获得的赔偿金要远远高于一位自己养活自己并跟丈夫共享钱财的工人妻子所得的赔偿金。

第二种类型的案件就是没有任何被扶养人(或将来的被扶养人)的人的死亡。比如,一个未成年孩子的死亡或一位退休老人的死亡就不会对任何人造成经济损失。所以原则上,没有人在此情况下提起诉讼。但是有很多人会发现这个逻辑太不能忍受了,所以法律制定了一些条款,对未婚去世的未成年人或配偶提供适当形式的赔偿,此外还有经济损失赔偿。目前在此类案件中给予的赔偿额由制定法来确定,现在是7500英镑。很多人认为对于一个年轻生命的消失,这点赔偿金实在是太少了,而且在其他法律制度 19
中,比如在美国的大部分法律制度中,会对此种死亡提供大量的赔偿金。

但是这是美国例子,而我们的法律距此还很远,但有很多合理的理由。对于一个小孩的死亡,赔偿这么一大笔钱的意义是什么?钱不会让孩子再次回来，而且钱对于失去孩子的父母来说也不会减轻些许痛苦。在可怕的事故中同情失去孩子的悲痛的父母是很自然的，但是把这种同情转变成冷冰冰的英镑有何目的？再次说明，在这个世界上并非黄金就能真正地弥补失去孩子的父母的痛苦。在此类案件中（如若不是令人厌恶的淘金行为）推动父母要求更高额赔偿的很可能是父母想要对他们认定的事故责任人进行惩罚的愿望。但是正如我们所看到的，民法不关注惩罚。如果责任方犯罪，他会并且也应该被起诉并由刑事法院进行审理，但是仅仅要求巨额赔偿不会取得任何效果。原因是赔偿金并非真正由责任方来偿还，而是由他的雇主来偿还，或很有可能由保险公司来偿还。再说一次，任何人可以检验这个争论的正当性：问问自己如果自己付保险费的话，想不想给孩子买份生命保险。大部分人肯定觉得这个观点让人恶心（并且它实际上也是不合法的）。预见未来可能性的话，没有人愿意要孩子死亡的经济赔偿。

我们随后（见第 43 页[*]）能看到越来越多的律师们正在寻求一种方式绕开 7500 英镑的限额，这是父母因其未成年子女在事故中死亡而能获
20 赔的数额。最近发生的事情是律师们说服法官们父母有权利对他们在孩子死后所遭受的精神创伤（及其后果）要求赔偿。以这种方式父母可以成功的得到多于 7500 英镑的赔偿。

由谁支付？

由谁来进行赔偿？这的确是一个相当复杂的问题，在第五章中会处理一些细节，但是由于这又是一个非常重要的问题并且跟这章和下两章的主题相互关联，所以在此还是要先说几句的。虽然（在最后的分析中）很难说到底是谁偿付赔偿金，但是至少很清楚的是谁没有偿付赔偿金。

---

[*] 本书正文中出现的页码均为原书页码，在本书中为边码。

赔偿金几乎从未被实际的不法行为人，即过失方偿付。通常在一审中赔偿金由保险公司偿付，或者由像政府或受托医院（trust hospital）这类的公共机构偿付。但是保险公司并非（如某些人所认为的那样）仅仅是从“盈利”中支付。直接的或间接的，保险公司是从公众的保险费中提取的。最终，大部分的赔偿金是由公众偿付的，正如公众所缴纳的税收一样；也就是说，这笔费用分配得非常广而且个人所付的相当少。但是正如大家了解的，税收增加，损害赔偿给付亦增加。所以在此第一件要搞清楚的事情就是，任何要求更多或更高赔偿金的行为都会导致公众更高额的保险金。这是至关重要的一点，因为从很多公众甚至法律评论对于扩大法律责任或给予更高额赔偿金的满意度来看，好像是这笔钱是从天上掉下来的。赔偿金制度的公正性和需要赔偿的适当金额经常是在完全不考虑等式另一边的情况下进行的。甚至连经过深思熟虑思考后提出提议的法律委员会（由专家律
师组成的独立团体，对法律改革有重要责任）都准备好讨论对个人伤害的 21
赔偿金是否太少的问题，但是却不问提高赔偿金的后果就是保险费的增加。这是荒谬的。这就像是在呼吁更高额的社会保障救济金时对需要支付这些保障所缴纳的额外税收不闻不问。现今的很多人都认为这种事情是不负责任的，但是每个人应该明白要求高额赔偿金等同于需要交纳更高额度的保险金和更高额度的产品和服务费用（正如我们所看到的）。

□ 诉讼与和解

为了理解现行体制是如何运作的，以非专业的词汇说，读者需要明白大部分获得损害赔偿的请求人并不真正需要起诉。大部分的索赔——事实上99%的索赔——都仅仅是事务律师代表原告提出，然后在律师和代表责任方的保险公司之间进行交涉。因此，严格来讲，根本不存在实际的法律诉讼，没有起诉，而且双方实际上从未成为原告和被告，这些术语仅

对法律诉讼而言是适当的。但是不管怎么说,继续使用这些术语还很方便。双方都认识到诉诸法庭解决案件是件耗时耗钱的事务,所以如果可能的话,通常情况下,为了双方的利益,会在庭外“解决”。在多数案件中,在双方或双方代表经过一定的通信和讨论后,保险公司会给原告一个愿意接受的出价,而这也就是案件的尾声。所以原告根本不需要去法院提交证据。

在人身损害案件中,交涉过程有时会有利于保险公司而不是原告,特
22 别是在非常严重的案件中。有时候发生这种事情仅仅是因为保险公司(和他们的律师)在处理此类案件中比有些原告的事务律师更有经验。有时候是因为原告处于非常严重的财务窘境,如果他想坚持更长时间,他宁愿索取比预想的要少的赔偿金。有时候是因为关于成本的一项重要规则。假设保险公司提出确定的数目来解决案件——比如,10000 英镑——而原告却拒绝此出价。如果案件继续审理,原告就会陷入高风险,因为即使是原告取得胜诉,他也要为其诉讼行为偿付一大笔费用,而他最终的赔偿金额会少于 10000 英镑。这就可能会吞掉大部分的或全部的赔偿金,在这种情况下原告实际上没有得到任何东西——实际上有时候原告还会欠他的律师一大笔钱。所以面对如此大的压力,原告只能接受所提出的报价。

另一方面,在一些不太严重的案件中,和解的压力会不同。每一起索赔,不管是多么微小,都有其阻挠价值(nuisance value),并需要保险公司的钱来解决和处理。所以对很小案件的索赔提供几百甚至几千英镑的诱惑确实不错,尽管保险公司会强烈怀疑这起索赔很可能是预谋的,没有什么价值——例如,保险公司认为原告自己对事故存在过失。或者保险公司对原告的财物损失索赔非常怀疑,或对造成的伤害和痛苦非常怀疑。甚至,有许多原告在这些个人伤害案件中可以轻松地得到法律援助(只要他们能通过生活状况调查),并且在法律援助案件中,如果原告败诉,就不需要支付诉讼费。这就意味着保险公司在此类案件中总是消失得无影无
23 踪。假设在最微不足道的案件中,保险公司的成本可能至少是 5000 英镑,那它才有可能希望把案件交给法庭处理。如果保险公司败诉,他们需

要偿付的是原告的赔偿金和费用,还有保险公司自己的诉讼费用。如果保险公司胜诉,他们仍然需要偿付5000英镑的费用。如果原告知道这些事实(其事务律师应该向他们解释),他会知道即使在言过其实的或完全伪造的案件中他自己的损失也会非常小。毫不奇怪的是,在这类案件中,保险公司可能觉得他们有义务通过赔偿(比如)2000英镑来解决案件。

另外一个可以解释为什么一些显而易见毫无价值的索赔却在和解中得到巨额赔偿金的因素是,这个案件可能是在处理中的许多其他案件中的典型一个,而保险公司希望可以避免树立一个将来对它而言非常昂贵的先例。最近报刊上刊登了两个此类案件。在第一个案件中,一位未成年人向地方政府学校索赔对其长期恐吓所造成的伤害,通过和解,他得到30000英镑;在第二个案件中,一位小男孩的牙齿据说被一个知名品牌的牙膏弄得有斑点而获赔1000英镑。如果此类案件在报纸上大肆渲染的话,那就减弱了保险公司原有的目的,因为即使和解不会构成法律先例,但是宣传本身就会制造出许多新的索赔,所以有时候保险公司只会解决赔偿金额而不会披露其金额。如果保险公司知道有许多索赔案件肯定会被报道,那么这些案件就会小心地反其道而行之,也就是说,保险公司在最初宁可选择诉讼而非和解。

还有其他的原因被告愿意和解——完全值得赞扬的原因。例如,假
设一家信托医院被起诉,原因是严重过失。医院却有信心,因为原告几乎 24
提供不了有关他们的过失行为的任何证据,但是若允许案件继续审判则意味着受雇于医院的许多医生和护士将会在漫长的过程中(事实上是很多年)由于受到诉讼和案件本身的压力而导致分心。案件过程需要无休止的详细查问、搜寻记录、面谈员工等等——没有一项工作有助于照顾病人这类医院的主要工作。所以医院更倾向于和解案件就毫不奇怪了。

另外一件事情需要说明的就是有关和解的过程。按照法律理论,原告本人对案件程序负责,而他的律师仅仅是按原告意愿办事的代理人。所以原告可以随时放弃诉讼或选择接受任何种类的出价,这与律师的初

衷相悖。原告甚至可以常常不听律师的建议继续这个案件,尽管在没办法的情况下律师甚至决定拒绝继续代理这个索赔案件。但是在现实中许多原告却发现很难反对律师给他们的建议,或很难过度干预这个过程。这就意味着一旦这个案件交给律师就会按照法律程序办理。律师认为为其客户寻求最佳结果是其责任,客户就因此陷入了一个连他们都不明白的程序。当然,事务律师的义务就是向其客户解释事情并向客户指明所可能有的选择,但是一个强烈的趋势是,事务律师想当然地认为客户想做的就是按法律行事——即按照法律规定进行索赔。所以即使客户在一审中对其权利和需要只有模糊概念的时候找到律师——比如,他可能不是寻求赔偿金,而是希望惩罚被告——这个案子事实上很快就会脱离原告本意。

法律援助和“不赢,不收费”案件

众所周知,求助法律或律师是一件相当昂贵的事务,但是这在现实中并不能阻止穷人提出各种要求赔偿金的索赔。在简单的个人伤害案件中,可以清楚看出来是过失造成的,律师总是相当愿意为原告争取和解,而不需要提前支付任何费用,原因是律师有信心其费用最终会由被告的保险公司偿付。

在更加复杂的案件中,事务律师一般不愿意着手做,除非原告能获得法律援助,而对于中等收入的人来讲这是比较简单的且没有痛苦的——如果原告很穷且在法律上是合理原因,他就有权得到法律援助。矛盾的是,中等收入的人情况更糟糕,因为他们没有资格获得法律援助(国家几乎一半的人没有资格)而且如果案件继续深入他们风险很大,尽管许多案件很清楚而且肯定会和解。

法律援助现在一年大概花费纳税人十亿英镑,但是民事索赔案件仅占其中非常少的一部分。由于许多索赔结果都是让被告的保险公司偿付一部分，而且约定俗成的就是只要达成和解，就应该由保险公司偿付法律账单，这样做已经是理所当然的了，从长期来看，法律援助的花费并不总是让法律援助机构承担。法律援助机构或许在初始阶段不得不对索赔案件提供资金，但是最终的花费由被告的承保人偿付了，法律援助机构的费用也就被偿还了。只有在相当少的案件中被告才会完全胜利，在此种案件中就由法律援助机构为原告的律师买单了。法律援助机构非常迫切地强调这一事实的目的是让公众明白并非他们对这些索赔案件提供资金。
但是必须明白的是，尽管大部分的法律费用都由被告的承保人来偿付，其 26
实最终是由公众买单的，尽管公众是作为保险金购买者而非纳税人。正如我们在最后一部分看到的（第 21 页），最终是由公众来赔偿大部分的赔偿金，公众还不得不偿付法律费用。

近期律师们获准以新原则接收案件——“不赢，不收费”原则。愿意以此原则承接案件的律师如果为客户成功赢得一些赔偿，他就有权索取更高的费用；但是如果没有得到任何赔偿金，客户没有一点风险。这种情况跟经常遭到英国律师们批评的美国的“胜诉酬金”很相似，尽管美国人相信这是为了确保让真正的穷人能够上法院的绝妙方法。美国制度和英国制度最主要的差别就在于在美国律师们按损害赔偿金的比例收取费用——通常是 40%。这在英国还没被允许，在英国，律师费用必须与需要律师所做的工作相称，而不是与获得的赔偿金相称。

仍然不清楚的是——尽管存在预兆——新型的英国制度是否会带来在美国的胜诉酬金中已经出现的一些不良后果。这些不良后果来自一个事实：不管案件是多么言过其实和虚假，客户在进行索赔中丝毫没有损失，而且有些律师可能会发现承接此类案件很值得，因为他们总有机会能够在最不理想的情况下通过和解得到些什么。假设在多数要求赔偿金的索赔案件中很容易就得到法律援助，那么最有可能的就是采取“不赢，不
收费”的一方所承担的案件是最没有可能被法律援助所拒绝的。因此真 27
正的可能性是这个程序实际上会挑起诉讼。不想起诉或要求索赔的人们

有可能受人煽动而这么做。律师们不仅知道承接此类案件很划算，他们甚至还外出寻找此类案件。

最严重的情况是这可能会导致在美国众所周知的“跟着救护车跑的掮客”（北美专门从事人身伤害诉讼事务的律师），也就是说，有律师或律师的探子说服伤者去医院，并在他们还卧病在床时说服他们签署合同，让律师来代理对他们赔偿金的索赔案件。英格兰的律师们并不沉溺于此种案件，并且也但愿他们永远不会这样。但是有可能鼓励非极端的行为方式，也就是帮助进行索赔或提起诉讼——换言之，律师们或许会开始为客户做广告，而这种行为同跟着救护者跑的掮客相当接近，比如把广告张贴于医院专门负责救护事故或灾难伤者的病房。事实上在英格兰已经出现此类广告，并建议如果你已经卷入一场事故或已经在某种程度上被伤害，广告者可以帮你得到赔偿金。在美国，广告更是显而易见是为激起诉讼而设计的，比如，他们或许会这么写：

> 焦虑吗？沮丧吗？紧张吗？
> 老板有没有公平待你？
> 你有权获得赔偿。
> 所有案件只收取胜诉酬金。

自然的，这种类型的广告鼓励诉讼和导致形成想要索赔的想法，哪怕是伤者本人还没有这种想法。律师们总是争辩说这并非一件坏事。如果大家有法律权利，大家就应该意识到这种权利，并且鼓励大家去追求它。
28 如果其他人由于过失侵犯他们的权利，在对这些不法行为人的诉讼得到鼓励的情况下，（律师们会认为）这是一件好事，但是这看起来很肤浅。一则，正如我们不得不一遍又一遍重复的，根本就不是有过失的侵权人在偿付赔偿金。无论如何，如果人们并没有严重受到伤害而痛心，那就没有理由鼓励他们感到痛心。鼓励人们让他们感到痛心，让他们为其委屈要求赔偿是非常不可取的，他们还有可能被告知他们越是感到悲惨和沮丧，越是感到没有能力过上正常人的生活和没有能力返回工作，就越有可能获得高额的赔偿金。诉讼，甚至提出很可能被轻易解决的索赔对社会而言都非常昂贵，并且长期看来，这种索赔案件越多，公众的花费也就越大。同样的，我们所看到的过失都是非常微小的失误，而且我们不应该认为过失不受处罚或不被纠正是不合理的。

尽管在英国还没有跟着救护车跑的揽客律师们，但是现今有许多把他们自己称为“索赔评估员”或“索赔谈判员”的人，他们的行为有时候和跟着救护车跑的揽客很接近。这些人没有法律的或其他资格证书，但是也没有禁止他们代表索赔人代理赔偿金。但是任何享受过他们服务的人都不太可能得到满意的处理，因为他们没有资格代表客户进行辩护程序，甚至没有资格把他们推荐给律师。

胜诉酬金，或称之不赢不收费的原则，可能会导致企业律师们投资大笔资金促成一系列的类似案件，包括与此相关的所有计划和研究，即使这些索赔几乎不存在正当理由。比如，在美国众所周知的目前有几组律师 29
从事三个大型的诉讼战，或更精确的称之为诉讼运动，已经持续十几年了。诉讼案中包括代表肺癌患者和吸烟受害者起诉香烟公司；相似的诉讼案件有代表许多喝酒者（和其家庭的）起诉酒类制造商及烈酒和其他酒类的进口商；还有第三种类型是手枪枪击受害者要起诉手枪制造商。如果他们想要继续进行这些案件，那么他们赢得索赔的几率非常小，随着阅读本书的深入，原因也就越清楚，但是由于这些案件包括香烟、酒类和手枪工业的巨大的法律开支，同时也是非常重要的；所以不同时期的不同策略性的和解是必要的。话已说尽，在同样的案件中巨额的和解金达成了，虽然这笔钱分到能找到的上千位原告的手里只有很少，但是律师们却得到总计几百万美元的费用。

在英国，情况并非完全一样，尽管也投入了相当大的努力来策划对烟草公司提起诉讼。法律援助已经撤回对索赔人的援助，因为法律援助机构已经不再相信索赔人在法律中的诉求是合理的；但是涉及的律师们仍然按照不赢不收费的标准来寻求索赔人。

还有同类的大规模诉讼运动来自于使用事后被发现或被主张具有缺陷或危险的药品或医疗程序。大部分此类的索赔首先出现在美国，在那里使用了同样的药品或程序，然后当广告开始鼓励人们为此去找律师时
30 蔓延到了英格兰。在美国，处理大量的这类索赔案件除了付出巨大的努力和金钱外，几乎没有原告从中得到巨大的收益，也几乎没有原告成功地证明所怀疑的药品或医疗步骤真正存在问题，或者是造成此状况的原因是因为投诉。事实上在有些案件中，同样的医疗步骤在英国仍然使用，哪怕是在美国曾经得到过此赔偿金，英格兰医生仍然相信这些步骤没有任何错误。英格兰最近有一起大型的由法律援助负担经费的质量索赔案件（不是不赢不收费的惯例）。这个案件涉及被声称存在缺陷的镇定剂，花费了法律援助机构三千万英镑来支付律师们（专家顾问、医药顾问等）的费用，尽管最终所有的诉讼在进入审理前都已被取消。但是这笔钱肯定
31 是使纳税人的钱被化为乌有。

第二章
法律是如何扩展的

如我们在上一章中所看到的简单案件,法律看起来是非常的公正和直接的。一个人如果由于过失或过错损害另一个人就应该对受害人进行完全赔偿。但是我们现在看一下将法律扩展得面目全非的多种方式。几乎在所有的状况下,扩展的法律总是有利于受害的事故受害者。

读者或许好奇法律以此种方式扩展有何不可——或许这也正是法律很人性,对受害者表示同情。但不幸的是,如此扩展法律并非一个好主意,随着本书的深入,道理不言自明。基本的问题在于那些得到赔偿金的人仅占所有事故受害者和残疾受害者中极其微小的一部分,而且如果我们越是把案件都塞到这一类,就会让绝大多数的受害者们获得的赔偿越少。这就好像是我们面对一百个无家可归、露宿街头的人时,我们跳出一两个人自掏腰包把他们安顿在利兹酒店一样,或许我们还能负担得起再让一两个无家可归的人住进去。但是到那时我们就会发现酒店开支很大,我们几乎没有任何金钱让仍睡在大街上的剩余 96 个人住酒店。所以扩展在此只会让事情变得更糟糕。

扩展过错概念

第一个得到扩展的就是最重要的过失概念。需要再次重复的是过失跟道德上的过错是不一样的——其中的一个原因是过失行为并不总构成犯罪，而只是导致民事责任。人们可以轻易地从事过失行为而个人却无须在道德层面上就所发生的事情遭到责备。或许他们是由于缺乏经验，或笨拙甚至无能而造成事故。显然在公路上有许多驾驶者并非技术熟练的司机——年迈的司机，过度小心的司机，胆小的司机，实习司机，那些对特殊的恶劣状况缺少经验的司机，比如下大暴雨或夜间开车等。法律的确对此类事件留有余地，但是总的来说，仅仅是以粗略的方式给予的。比如，法律可能的确考虑到天气状况非常恶劣这一事实，所以不会期待一个人在结冰的马路上像路况好的情况下那样很快停车——但是他还必须像一位技术相当熟练的司机一样小心开车，即使他自己以前从未遇见过此类状况。或者法律还要区分一位全科医生和一位会诊医生的技术水平，所以如果全科医生没有洞察到会诊医生检查出的问题的话，全科医生的行为不算过失；但是法律却并不区分一位全科医生应具有的注意和技能，就因为他是最近才获得资格。所以一位职业人士很容易就犯有过失，尽管他本人并不认为有什么做错的地方，甚至他认为下次他还会这么做。

而且法律似乎经常意味着不允许一个人犯下错误，除非被认定存在
33 过失。事实上这并不正确。在这种情况下，法律有时也会留有余地。法律认定在某些情况下即使一个理智的人也会犯错误——比如，发生灾难，需要紧急决定，但是在“痛苦的一刻”就有人做出错误的选择，这有可能不会被认定构成过失。

同时，各行各业的人也经常犯错误——而且他们所犯的错误是小心

谨慎的人不应该犯的,这样的错误就会被认定为过失。但是又有谁能够永远小心谨慎呢?我们都犯有过失,或许在开车的时候几分钟就犯有一个,在上班的时候也是。即使是最敬业老练的专业人员也会犯不应该犯的错误——(快别这么想)甚至连律师和法官也会。世界上最好的运动员总是会犯一些连小学生都有可能避免的失误。例如,想一想职业足球运动员在面对得分机会时却把球射到门柱上,或网球冠军在对手球场空位时却使球触网。幸运的是这样的失误并没有造成任何人的损伤,所以运动员们没有发现自己由于此类行为而被控告有过失——尽管有可能某天温布尔登的一个球童被猛烈的一次击球伤害而基于运动员有过失来索要赔偿。

事后聪明

我们都知道事后聪明很简单,而且有些人认为法官们易于受此诱惑,把一个在当时看起来完全可以接受的行为标记为有过失。当然,法律已经认识到这种危险,而且作为一项严格的理论,相当清楚的一点是法官们不应该依据后来的事实或后来的知悉而判定某人犯有过失。尽管这样, 34
有些人仍然认为法官们的确在有些时候陷入诱惑而这么做。这种事情有可能发生,特别是在当过失主张不是取决于诸如在马路上粗心开车之类的简单行为,而是来自于更加复杂的情况——(比如)当有人暗示一个公司应该意识到在其工厂使用的某些化学制品会给工厂工人的健康造成长期损害的风险。在现代,老板们应该对来自于化学制品和其他危害品,像灰尘或石棉或(更明显的)放射物之类的职业风险用委婉的语言表达,如果老板们并没有这么做,那极有可能找出其过失。但是 30 或 40 年前这些风险连老板们都不是很清楚,尽管这些东西实际上为科学文献所记录。结果就是(比如)最近有许多老板对 30 年以前没有措施保护工人免于暴露在石棉中而负有过失责任,在这些决定中就有事后聪明的因素。但是事实却是石棉现在还被广泛使用,不仅追求利润的公司在使用,就连公共机构(包括皇家海军)也在使用,尽管大家早已知道科学事实,这无疑将激怒那些认为所有公司和公共机构都在密谋欺骗普通老百姓的人;但其他人对此仍然不太确定。毕竟,公共机构并非是为了赚钱而被催生的机构,而那些授权可以使用这些事后才被证明极具危险性的原料的政府官员个人并没有从此行为中获利。所以当我们问之为什么这么做,诚实的
35 回答总是大家都在这么做,并且危险的程度还没有完全被检测出来,或许只有在理想社会中才有可能被检测出来吧。

由同情引起的延伸后果

可以看到我们遇到一个以这种形式或那种形式出现的难题,它位于法律陷入的困境的核心。一方面我们对受害人感到同情。并且如果我们已经从医疗证人那儿聆听到其遭受损害的具体经过,这种同情会更强烈,比如,听说他遭受的痛苦和骨折,听说他需要进行的手术,听说受侵害的原告在将来有可能不得不长年残疾,听说他现在不能工作等等。法官们和律师们也是人,而且他们的确在许多案件中不得不经历此过程。另一方面就是被告怎么办?有没有人对被告感到遗憾?如果被告在道德上不存在过错,而仅仅是没有达到法律要求的注意标准,这就很难谴责他具有过失,只能命令其偿付几千英镑的赔偿金(有可能是几万英镑)。但是对被告的同情不会像对原告的同情那么多,这主要有两个原因,一个显而易见,一个不明显。首先且最明显的是,在多数情况下,与人的生命或身体遭受到的损害相比,对被告名誉损害的同情是不值一提的,偶尔的,仅仅是偶然情况才会认为被告的名誉更重要,特别是当被告是医生或外科医生,对他们而言对名誉的损害可能伤害极大;在这种情况下法律最好不要像在其他案件中的那样经常受到扩展。

但是即使在这些案件中,还有第二种情况可以使大家对原告的同情
36 超过对任何被告的担忧。而且这就是——我们不得不反反复复一遍一遍

讲的——即使被告被认定为有过失，赔偿金并非由其支付。在大多数情况下赔偿金都是由保险公司或老板或其他公共机构偿付的。所以律师们和法官们完全知道对被告过失行为的不利发现并不会在任何现实层面伤害他，而对原告的不利发现却会剥夺其得到赔偿的机会。而且，即使在被告名誉对其个人而言是非常重要的情况下，法官也知道对过失行为的不利发现不可能造成任何严重的后果。毕竟，医生的老板或合伙人会知悉，或被告知，对过失的查明并不必然带来任何道德上的谴责，而且也不应该被视为是一种对一般性的无能力或缺乏注意的归咎，所以不太可能断送其事业。所以有时候法官们特地说明他们的本意并非是为了印证被告的能力，特别是当记录上出现的是职业人士有过失的时候。所以有可能被告的自尊心受伤，但是他的钱袋和事业却未受影响。

或许有些读者对我提出的同情可以“扩展”法律的建议感到疑惑。当然，读者们可以认为法官们在执行法律时应该是中立的、冷静的。在理论层面上是这样的。但是法官也是人，他们也像其他人一样能感受到同情的力量。当一个案件的事实很清楚，而适用于此事实的法律也很明确时，没有一个法官会由于对一个而非另一个诉讼当事人的同情而违背自己的誓言。我们也可以反对对法官们的可笑的诽谤（奥伯龙·沃在《星期日电讯报》[1]上宣扬的），说法官们扩展责任法是因为他们是律师而且 37
更多的责任对律师而言是很好的。但是如果事实还并不完全清楚，而且法律还并未完全制定好，法官就有空间朝这个方向或那个方向来发展它。正如我们应当看到的，在过去的大概五十年里法律几乎一致地朝着扩展责任方向发展——更多的责任就意味着更多的赔偿金。并且我们也应该看到，并非只有法官们才应该对这些发展受到责备。议会，法律委员会，甚至学者们都应该对此负有一定的责任。

---

① 刊登于1996年11月24日。

□ 在被告并非是唯一可责难方的情形扩展法律

在许多事故或伤害案件中,原因都很复杂,并非某一个人应对此负责任。例如,许多交通事故是因两个(或更多)司机共同的过错而产生的。接下来要发生什么?我们将要区分两种情况——第一种情况是原告自己有部分过失,第二种情况是两个或更多被告都有过失。

如果原告对自己的受伤部分可责,按照早期习惯法的规定,原告不可能获得任何赔偿。这跟被告有无主要过失没有关系——只要原告对事故或伤害承担哪怕很小的责任他也不可能获得赔偿。据说原告负有“与有过失”的责任。这看起来总是不公平的,而且法官们经常以各种方式延伸法律来帮助受害原告。我们对此不需要详细地深入研究,因为这都已过时。所以,1945 年议会通过的一项法案规定,若损害部分归因于被告的过错,部分归因于原告自己的过错,损害赔偿就应该根据双方过错的程度
38 按比例分配。当然把过错转换成比例是不可能以任何精确的算术方法来完成的,但是在实际操作中似乎并没有给法官们带来不便。以大概的方式来说,判定双方(比如)存在等量的过失是很轻松的,或者是说被告有 70% 的过失而原告只有 30%。如果双方同等可责,那就意味着原告只能得到在没有过失情况下可得到的一半的赔偿金;如果被告犯有 70% 的过失,这就意味着原告只能得到在没有过失状况下的 70% 的赔偿金。所以,与有过失减少赔偿金额,但却没有剥夺原告所有的索赔权利。

初看起来,这项改革像过失原则一样相当合理和公平。毕竟,如果被告的确对事故负有责任,那么他为什么就不应该为其责任买单?只要我们单纯审视案件中的双方,绝对的公正肯定是这样的结果。但事实上,稍微思考一下就会明白,这项改革比通过此法案的议会的理解和法官们的补充所带来的变化要更深入。要想明白改变有多深入,就必须明白两点。

首先，新法案第一次违背了哪怕受害者仅有部分过失都不应该得到赔偿的原则；其次，我们必须牢记赔偿金并非由责任方偿付，而是由保险公司或其他社会部门的团体偿付。这就意味着在民事责任索赔中有权获得赔偿的原告不再被认为是无辜者，在整体上应该得到公众的特殊慷慨对待。
毕竟许多人遭受到损害、事故、使人致残的病、或先天残疾等等。他们当 39
中只有极少数人才能获得，或有机会获得赔偿金。有一段时期那些获得赔偿金的人至少被认为是对自身伤害没有任何责任的一方——即使这样，也有许多人没有获得赔偿金。但是现今我们看到的是那些获得赔偿金的人对其自身的伤害负有一定责任，而他们却比那些没有权利获得赔偿金的人，并且对自身的伤害没有任何责任的人受到更慷慨的待遇。

而且，必须记住的是在严重案件中，赔偿金仍然是非常高的，即使是原告按与有过失承担自己的责任减去大量赔偿金后也是非常高的。随便举一个来自于报纸[1]上的例子。1996 年 11 月，一位 24 岁的男子获得 35 万英镑的损害赔偿金，这是对 11 年前在他只有 13 岁时所遭受的自行车事故的赔偿金。除了他年轻之外，法官认为这个男孩对让自己受伤这件事负有 70% 的责任，要不然给他的赔偿金将达到 120 万英镑。碰巧的是这个案件中的赔偿金是由国防部支付的，因为案件中牵连的车辆是军用卡车，而犯有过失的司机是军队的雇员。当然，由国防部支付的赔偿金肯定是由公众，也就是纳税人偿付的。而且每年有许多生来就患有先天残疾和先天无能的婴儿，但是他们当中却没有一人得到公众的赔偿金。这看起来并不公平。

很偶然的，也是起诉国防部的另一个案件或许对通常的正义观念更
为冒犯。在该案件（发生在 1995 年）中，原告的丈夫，一位海军航空兵，自 40
己喝酒喝到不省人事，然后在呕吐时呛死了。法院认为虽然国防部对他喝醉不负有责任，而国防部的确有人在他完全没有能力照顾自己的时候看见

---

① 1996 年 11 月 22 日的《牛津时报》。

了他,但是却没有认识到(任何一个理智的人应该意识到的)一个醉汉在此情况下有可能会呕吐窒息,也没有立即对其监视。这位海军航空兵对自己的死亡负有 2/3 的过错责任,但是仍然给其妻子留下 7 万英镑的赔偿金——这笔钱大概是一位带有孩子的寡妇在社会保障救济金中能得到的年金的 20 倍。但是这位妻子有权得到赔偿金,同时得到社会保障救济金。

或许还有些极端的案件,但是道路交通事故是构成索赔的主要来源,而且在很多的道路交通事故中,原告对自身的受伤至少负有一定的责任。这也就意味着他们是在现在法律认为他们对事故负有一定责任的情况下获得赔偿金的。

我们在上面提到了当原告个人不存在过失,而被告存在一定过失的情况下会有一整套适用的不同法律。换言之,有好几方有责任的被告,或说有几方对过失行为负有责任。此种情况下法律向有利于原告的方向“扩展”,虽然跟在与有过失情况下扩展的方式不一样。在此种案件中扩展的方式是允许原告选择他将起诉哪几个或哪一个被告,并且允许他从被告中的任何人那里获得全额赔偿金。(但是他不能通过起诉多个被告来得到多出其损失的赔偿金——他只能得到补偿一次。)反过来,被起诉
41 的并要偿付赔偿金的被告可以从其他责任方获得一定数额的赔偿金。而且在表面上听起来这些都很公平。为什么原告应该担忧起诉哪个被告呢?为什么要让原告卷入哪个被告应该对损害负有多少责任的争论中呢?为什么不能像从前那样在庭外处理,而让被告免于纷争呢?

在此声明,表面上的公平仅仅存在于表面。真正的问题是一个或大部分的被告可能身无分文且未买过保险,而其他的被告或买过保险,或是富裕的大企业或公共团体。当出现这种情况的时候,一般情况下,原告会让有能力支付的被告赔偿,而把没有能力赔偿的被告留给法院。而这样又留下一个问题,有能力偿还的被告仅仅负有很小的责任,而没有能力偿还的被告却责任重大。举例说明——假设发生了一起事故,原因是骑自行车的人和货车司机共同的过失,而第三方却在事故中受到损害。第三

方可以通过向司机索赔而从其参保的保险公司获得所有赔偿金。理论上这个保险公司可以反过来起诉骑自行车的人,要求其分担第三方的赔偿金。但是骑自行车的人很可能没有买过此责任保险,所以保险公司不可能通过此方法获得任何赔偿金。而且即使骑自行车的人对此事故负有90%的责任而司机仅有10%的责任,情况也不会改变。在此种情况下法官受到极大的诱惑来"扩展"事实,并会查明司机应对此事件负有部分责任,即使只有10%或5%的责任。这已经足够可以让第三方获得所有的赔偿金。

事实上,你可以从任何对此事故负有任何责任的人索要所有的赔偿金,这种事故导致一个结果,一个所有律师以后都可以遵循的非常重要的实用的经验法则(rule of thumb)。事实上这个法则就是,寻找金钱(cher- 42
chez l'argent)(以区别于寻找女性),或者说寻找一个有能力支付的被告而不是寻找过失最大的被告。一旦你发现一个有支付能力的被告(不管他是有保险或因他或它是一个有钱的公司或公共团体),你就可以着手试着确定这个人过失的比例。凭借一点点的精巧设计,从表面判断,即使潜在的被告跟事故联系甚小,但是来构造一个起诉他的案件出奇地容易。事实上事故的受害者们有时候认为没有人是真正地应该对其损害负有过失,但是律师们向他们解释说按照法律可以有人为此承担责任。举例说明,假设由于一个小孩横穿马路造成车辆突然转向而发生交通事故,但是未成年的行人不能成为被告。但是如果假设孩子是在大人——或许是在老师照看下的,那么我们就有结果了。只要是有老师就必定有雇佣老师的学校,而学校可以成为一个很棒的被告。还有许多情况可以让这条简单的原则有效。一位在橄榄球比赛中受伤的人。或许你会想,真不走运,橄榄球是一项身体比赛。但是有可能裁判有过失——试着起诉裁判,橄榄球裁判可是买过保险的。或者一辆警车在追赶偷车贼时由于路上有冰,所以刹车打滑进而撞上灯柱而弄伤自己,而偷车贼却飞驰而去。看起来小偷对警察的损害并不负有直接责任,但是就算是他的间接责任也足以让法律认定他有责任,这就可以让警察从车主保过的车的保险公司获得赔

偿金。这看起来真奇怪,保险公司对小偷的过失负有责任这种情况并不是
43 按照普通法律,而是根据与政府协商的特殊处理(参见后面第102页)。

还有另外一种抗辩——跟与有过失的抗辩很相似——有时会在过失诉讼中被提出,即风险承担。被告争辩认为原告自愿选择接受伤害的风险一度很常见。任何选择陷入某种风险行为的人在受伤时会被认为只能责怪他自己。但是经过这些年法官大量削减了这种抗辩,特别是在雇员起诉雇主让他不合理地暴露于风险的情形。比如,据说被要求在危险环境中工作的雇员并非出于自愿——他是被强迫冒此风险,在此情况下如果员工受伤,老板应该有责任。同样,如果原告没有被充分告知其危险程度——这种争论经常发生在原告起诉外科医生和做错手术的医院的情形。除非原告被完全告知做手术所必须承担的风险,要不然对他的辩护就是失败。所以医院现在更加谨慎和严格地警告病人在医疗和手术步骤上有可能出现的所有风险,即便许多病人宁愿处于一种无知的喜悦中。

如果因吸烟导致癌症对烟草公司提起的诉讼递交到法院,这种辩护有可能变得非常重要。烟草公司无疑会争辩说吸烟带来危害至少早在四十年前就是公众常识,所以任何人只要吸烟了就可以认为是他接受了此风险。而受害者的律师对此有可能的回答是烟草公司并没有告知吸烟者,律师甚至可以说烟草公司禁止公布吸烟的危害,更有可能说吸烟是上
44 瘾的,所以曾经被诱惑的烟民并非真心选择继续抽烟,而是他们不能戒掉。这就暗示着至少当受害人开始抽烟的时候是自愿这么做的,但原告律师的回应是大部分的烟民是在未成年的时候染上此习惯的,因此不应该对其行为负有完全责任。可以看出来在此还有很多延展的空间。

扩展因果关系的规则

关于过失赔偿金的成功索赔的基本要求就是被告的行为必须是造成

原告损害的原因。如果无论如何原告都会遭受同样损害的,那仅证明被告有过失是不够的。比如,如果医院没有正确的诊断病情,而病人死了,如果事实是就算医院诊断出病情,病人依然会死一样,那医院就不需要支付任何赔偿金。在此情况下的过失与因果无关。

由于要通过一个很长的因果序列来追踪一个行为的结果,所以在法律中因果关系规则总是导致困难。即使被告在最初犯有过失,但是后来发生的不同寻常的甚至古怪的事情到底和被告最初的过失行为联系有多大?一般而言,被告要对其过失的大部分后果继续负责,哪怕是经历了一系列的事件,只要从广义上讲它们是自然的或可预见的后果。

“蛋壳脑袋”规则

在个人损害案件中普通的因果关系规则已经按律师们知道的“蛋壳脑袋”规则朝着对原告有利的方向大范围地更改了。这就是说如果原告
是特殊体质或罕见病情(比如说有个相当薄的脑袋),那么任何过失行为 45
带来的后果都会比在普通事情中所预想的后果更严重,这种后果仍然被认定是被告造成的。比如,在 1962 年的一个案子中,一位工人由于同事的过失而造成轻伤(对该同事老板负有职责),因为一滴滚烫液体溅到他嘴唇上,该泼溅肇致一种可能致癌的状况,最终原告死于此事,就该死亡可以起诉老板。另一起是在 1968 年发生的案件,一位邮局员工由于梯子上有无意溢出的石油而从梯子上滑下来造成腿轻微受伤;作为预防先给他注射了一针破伤风,但很不幸的是他对此针有奇特反应并带来灾难性的后果。此案中唯一存在的过失就是溢出一点油,但是雇主却对不幸的后果承担主要的赔偿责任。或许 1995 年由上议院[①]裁定的案子是更极端的例子。此案的原告遭受肌痛性脑脊髓炎的困扰长达 20 年之久,但是现

---

① 需要提醒读者的是本书中的“上议院”指的是英格兰的最高上诉法院,由资深法官们组成,而不是只要是贵族和贵族夫人就有席位的议会的二级机构——上议院立法机构。

在已经康复,跟被告发生一起小的公路撞车事故,原因是被告的过失。在撞车事故中没有人受伤,而且原告在事故发生后依然开车回家,但是数小时后原告却声称感到再次受到肌痛性脑脊髓炎的侵袭。他获得超过162000 英镑的赔偿金,原因是,由于被告的过失,他有可能再也无法去工作。在上诉到上议院以后,这一赔偿得到最终的支持。

46 像减少过失和纯事故的差别之类的决定并不需要再强调,因为赔偿金绝不会全额得到赔偿。一方面是由于被告的过失只不过是用来使他对此古怪后果承担责任的一个单纯的借口而已——在上述的三个案件中没有人认为被告道德上需要对此非同寻常的结果承担责任。另一方面,如果从原告的角度出发去看此类问题,从道德上讲,在原告以怪诞的方式受伤或被害和原告纯因事故受伤或被害相应的区别是什么?特别是在纯事故中没有任何人有过失,而且不可能得到任何赔偿金。在上述三个案件中,每一个案件都有可能是很多事件联合起来造成的后果。在完全没有外在伤害以前,癌症前的症状完全有可能转化为癌症;对破伤风注射液有奇特反应的邮局工作人员有可能在某个时间由于另一个原因而被注射破伤风针,结果却是没有人承担过失;而遭受肌痛性脑脊髓炎疾病侵害的人可能会由于任何原因而引起疾病复发——患有肌痛性脑脊髓炎疾病的人总是这样的。

因果关系和“归咎文化”

在现代,还有很多其他种类的有关因果关系规则的案件得到扩展,这些案件特别有趣,因为它们能够展示“扩展”是如何成为我们所生活的“过失文化”的结果的。假设一个人给另一个人提供了有过失的建议,而另一个人又依赖这个建议,结果损失了一些钱。到底是谁“造成”了最终损失?当然从一方面来说肯定是执行此建议的人应承担损失——毕竟你不必执行此建议,而一旦你选择执行,(就会认为)你就是造成你自己不幸

的根源。但是这种观点，尽管在高度的个人主义社会中会被接受，但是在 47
英国，现在尚未发现它可被接受。事实上，我们的确经常不得不依赖别人的建议，因为我们缺乏独立行事的能力。比如，当医生因过失或失误嘱咐你应该停止工作一个月，而你按照医生所说的损失一个月的收入；或者你的中央供暖工程师错误地告诉你，你的锅炉需要更换，而你为此建议花费了500英镑。但是这种建议还要到什么程度？如果你听从一个赛马情报贩子的建议而花500英镑去买某一匹马赢，那么在输了以后恐怕没有人会建议你能够对赛马情报贩子索要赔偿金。可以说你对自己的行为负责，你是造成自己失误的原因。但是在这两种情况之间还有一个灰色地带——很难说当事人是否应该索要赔偿金。

比如，最近大众对已经“被错误出售”的退休金计划的“丑闻”强烈抗议——即建议员工把退休金计划从公司移出而在保险公司设立自己的退休金计划。投诉内容是给出的许多建议都是错的，并且员工们在把个人退休金计划移出的过程中遭受损失——本应该建议他们继续把退休金留在公司的。或许更让人吃惊的就是保险公司接受大部分投诉并许诺赔偿这些人所遭受的损失；但是对此作出财务决定的人也应该承担一定的责任。当然，只要是保险公司或推销员存在实际诈欺或不实陈述，就会有相应的赔偿，但是对于此项退休金计划的许多投诉看起来无非是起诉推销 48
员所给的“坏主意”，而这从金融角度讲仅仅是一个判断和观点的问题。或许这些计划已经被“买错”和“卖错”了。

有人建议①兜售私人退休金计划的保险公司负有更广泛的责任。当计划成熟就会有一大笔可以转成退休金或养老金的资产。被保险人就有权从同样的保险公司“购买”这笔养老金或自己把这笔养老金转移到其他的保险公司并从那里购买养老金。有人建议第一个保险公司有责任告知被保险人其他公司的养老金费率有可能比他们的优惠，并且告知被保

① 查看1996年12月8日的《星期天电讯报》，商业版。

险人转移资本价值到其他地方然后再购买自己的养老金或许会让他更富有。甚至有人建议如果第一个保险公司并没有这么做,那么他们在法律上就有责任赔偿。如果这些建议是正确的,那就即将证明法律体系已经最终走向疯狂!或许也会有人争论说当你去一个保险公司给车上保险时,保险公司按照法律有责任告诉你其他公司的保费更低,而且如果他们没有这么告诉你,那么你也就有权起诉他们;或许当一个人买了一台电视机时,销售人员按照法律有责任告诉他在竞争对手的店里,同样的电视机更便宜。

看起来法律不太可能会走入如此可笑的极端中去,因为法官们认为依赖其他人建议的一方必须采取“合理的”步骤来保护自己的利益。但是对于别人给你的建议你认为采用多少算是合理的,这最终取决于你是
49 否认为人应该独立自主地自己做决定,或你相信在一个更加以家长制统治的社会里单纯的人和更容易受伤害的人才有权依赖他人。所以说社会越是家长制统治的,责难文化就越发达,公众甚至连法律就会更倾向于认为由于你自己的行为对自己所造成的损失“真的是”由于其他人的过失造成的。这就是法律在不需要法官甚至法官在不需要知道自己在做什么的情况下遭到扩展的一种方式。我们将在第六章回到“过失文化”的主题上去。

不作为

在最近十年,因果原则已经在其他方面得到扩展。特别是它们已经被扩展到涵盖由不作为造成过失的许多案件。假设原告遭到 X 行为的损害,而 Y 本可以阻止 X 造成伤害或损害的行为。很明显,X 在这件事中负有责任,但是由于 X 没有保险所以不值得起诉。但是 Y 或许有保险或者有可能是个富有的公司或公共机构,是完全有能力偿付赔偿金的。所以原告就试着尽量起诉 Y。原告很难证明是 Y 导致其受伤的,但是现

在这经常可以被克服。在事实面前,X 无疑是受伤的主要责任方;法律判定 X 和 Y 都是造成伤害的原因时丝毫不困难,这也是合理的。并且正如我们已经看到的,主要的,或者说是主导性的责任可能是 X 的,这一点毫不重要。只要 Y 负有责任,不管责任有多小,都可以起诉让他赔偿全部损失,而让他从可能起诉 X 分担他偿付的赔偿金中得到宽慰。

在此情况下为了要确立一个不利于 Y 的案件,原告就应证明存在某种理由让 Y 应该阻止 X 造成侵害。在 Y 对 X 可能有某种程度的控制时经常会发现这点。比如,在 1970 年轰动一时的豪华游艇案(赛特游艇公 50
司诉内政部[①]),有些内政部的官员允许一部分的少年犯(过去所知道的)逃到原告的游艇上并且对游艇造成很大程度的损害。显然内政部官员们并非直接自己对游艇造成损害——这是那些少年犯干的,但是官员们让少年犯逃出他们的控制范围就存在过失,所以内政部对此事负有过失责任。

同样的,如果学校没有管理好学生而让学生对其他孩子造成伤害,或者学生逃学而在上学时间对其他外面的人造成伤害,学校都负有过失责任。基于这个理由,最近一位先前的学生申诉受欺负而索要赔偿,就被推定是向学校当局提出的。

在极个别的情况下,才会把这种过失责任强加于一个人,原因是他没有阻止另一个人故意伤害自己。1970 年有一个很不同寻常的案子,医院对一位从窗户上跳出去并伤害到自己的已患有精神病的患者的自杀行为负有责任。如果没有上下情景,这就是一个让法律看起来荒谬的案件,但是它却跟现代法律原则完美一致。更广泛的是,这种过失责任甚至可以强加给一位被告,因为在其看管下孩子受伤——比如一位教师可能会对小孩伤害自己的行为负有责任。

另外一个在不作为情况下扩展因果关系规则的现代例子就是公路当

① [1970] AC I 004.(作者注)

局对由于没有修复路段而造成的损害或伤害应负的法定责任。1961 年
51 以前，公路当局还仅对修复质量极差的公路所造成的损害或伤害负有责任，但现今他们的责任已经包括没有修复的路段。初看好像仅仅是很小的变化，但事实上这却是一个极大的改变。很显然，如果真的已经在修路，那么一般而言，修造合格的马路不会比马马虎虎修路花费更多的钱，所以公路当局注意到他们修造合格的马路并不会对他们造成过度严重的负担。但是未修复的责任实际上向公路当局施加了一项定期检查公路（包括作为公路法定组成部分的人行道）并在出现瑕疵或危险时加以修复的义务。事实上每一个地方政府（城市道路的公路当局）现在都不断地碰上索要赔偿金，许多公众声称他们被突出的铺路石绊倒而造成损害，或诸如此类的损害。当然，这是很难证明的，并且很容易夸大其受损害的严重程度。而对付这些费用或想通过不断修路和铺路来避免这些费用，就不得不跟地方政府的其他花费进行竞争，比如学校花费、警务花费等。幸运的是上院最近的一项决定对诸如此类更夸张的可能性叫停，比如认定地方政府对实际上没有改善道路而不是对没有保养道路负有责任。这种情况将在第三章中进一步讨论（详见第 83 页）。

对可索要损害赔偿的伤害类型进行扩展

曾经一度对伤害的赔偿金，特别是对于个人伤害的赔偿金几乎完全被限定在受害者遭到明显的人身伤害的案件上。这种伤害是许多过失的
52 物理行为的明显和直接的后果——比如道路事故、工厂里的损害和诸如此类的。

但是近些年以来，法律已经朝着六个不同的方向扩展了。首先，逐渐达成的共识是——实际上从未有人真正怀疑过——任何人身伤害，不仅仅是普通伤害，都可以获得赔偿。因此，比如一个人由于某人的过失而患

有普通的病症，这在现今是可以控告的。所以，如果一个人在毫无原因的情况下就感染医院的传染病，或患上了极普通的病（比如）——假设是支气管炎——患病者可以为此得到赔偿金（当然，大部分患支气管炎的病人由于不能证明其患病是由于某人的过失造成的，因而不能获得赔偿金）。同样的，任何人在其工作场所由于受到不明危险的侵害而患病，如果他能证明事实就会获得赔偿金。近些年来许多患上肺病或肺癌的矿工和石棉工人都可以获得赔偿金。不幸的是有些工人已经去世，但是他们的家人可以要求赔偿。那些不是因为此种原因而过早死于其他癌症和疾病者的家人没有索赔权，即使从他们的观点看结果是一样的。

另外还有的赔偿案件是代表在生育过程中或产后受伤的婴儿进行的。很不幸的事实是，有许多婴儿由于产伤而遭受严重的脑损伤，而且现今像这种伤害比过去更普遍——直到今天仍有婴儿可能死于当时的医学科学。现今医院和医生经常进行疯狂努力来挽救婴儿的生命，但不幸的是，这是以患有脑损伤或像失明此类的严重副作用为代价的。只要能够证明有过失，拯救孩子性命的医院和医生有责任对孩子的损伤支付大量赔偿金。 53

另外一种情况就是对于医疗程序中出乎意料的身体后果给予赔偿金的情形，即使这都根本不能称之为伤害。偶尔赔偿金也会让没有好好履行绝育程序，结果造成婴儿出生这一后果的医院承担。生育几乎不能算作人身伤害，但是要 18 年来养育一个不正常的孩子花费很大，如果律师按此原则处理事情的话，那么这笔费用就会落到存在过失的外科医生身上，或落在受托医院或卫生当局身上，毫无疑问会有人利用这项法律。事实上已经有人利用了（苏格兰法官已经倾向于效仿英国的愚蠢）。

其次，纯粹的整容伤害——某种影响你面貌而非良好身材的伤害——也是完全可以起诉的。一个男孩对自己的牙齿漂白起诉就是一个明显的案例。尽管有性别平等法律，但是对于整容伤害，几乎所有的法官都会给予一个女孩或一位女士比一个男孩更多的赔偿金，比如，脸上甚至身上一个小小的伤疤都会让她不能穿比基尼。

最近有尝试进一步扩大法律的疆域,但是目前已经被法院断然拒绝。在1995年有好几起由孩子和家长起诉地方政府的行为,因为地方政府并没有履行法定职责,对孩子进行的合理照顾,保护孩子免受潜在虐待,或者,地方政府并没有为了防止可疑的虐待而把孩子跟父母分开,事实上是根本没有。还有其他的情况,比如地方政府没有对有特殊学习需要的孩子给予特殊的教育津贴。有些情况下孩子受到人身伤害,但是还有其他
54 种类的投诉并不包含在任何法律的传统领域中——把孩子和父母强行分开,或者不给孩子提供适当的教育津贴而引起的精神苦闷是一种全新的伤害,尽管律师们试图对他们所遭受的“焦虑神经症”进行索赔。所有这些索赔基于高度复杂的法律理由失败了,这更多地是因为将这种法律责任施加给地方政府不受人欢迎,但无疑也受到这种被投诉的伤害完全处于法律传统的关注领域之外这一事实的影响。

同样是在1995年,法院判决驳回了两名被指控者针对英国皇家检察署的损害赔偿诉请。这两名被指控者在审讯期间被拘押,但在起诉被撤销后获得释放。在这两个案件中,主要控诉的是英国皇家检察署在最初阶段没有意识到证据不足而不能使起诉具有正当基础方面存在过失。当然在此被起诉的“伤害”指的是在审讯中把人关到监狱,而这种伤害通过恶意起诉这一特别诉讼可以得到纠正,只要证明存在“恶意”或不正当动机;但是这还是首次有人在这种情况下仅以过失为理由试图获得赔偿金。

在任何时间都有凭空想象可以获得赔偿的新的伤害类型的尝试。甚至在本书写作过程中,一位事务律师宣布,被给予的法律援助使他能够寻求损害赔偿诉讼。他代表两个学生起诉他们的学校(估计是地方教育当局的学校)没有给予他们很好的教育,导致他们没有通过普通中等教育证
55 书(GCSE)考试而不得不再花费一年来考。[①] 这些索赔极有可能不成功,但令人吃惊的是,鉴于去年上议院对同样索赔的否决,还向他们提供法律

① 《泰晤士报》1996年12月2日版,第四页。

援助来进行诉讼。当然,如果此类索赔都获得成功的话,那学校将很有可能不得不办理保险(或在保险上花费更多)来防止基于此种理由被起诉的风险,而本可以花在改善教学设施上的钱转而都去偿付保险公司(和律师)。

精神损害

到目前为止,在与可以获得赔偿的损害的种类相关的法律领域里,最令人担忧的就是,在近年来对“精神或情感震吓”,或在今日倾向被称为的“创伤后压力”的赔偿诉请巨幅增长。这方面的法律相当复杂,而且对于各种特殊案件法院还没有解决。所以在此只能提供一个粗略的总结。首先要明白的是法院经常拒绝给予单纯的精神损害赔偿金,除非这些人还遭受人身伤害。显然,若有人在事故中严重受伤或死亡,主要受害人的近亲会遭受剧烈的冲击并极度忧伤。但是这绝不会演变成可诉讼损害。如果对于单纯的忧伤或震惊而给予赔偿金,那么每一个在事故中受伤或去世的孩子的父母和近亲就都能代表自己获得赔偿金了,但是法律并没有把此发展为一项基本法则。允许父母对孩子的死亡获取定额的赔偿金,现在是7500英镑,这是作为对亲属丧亡之痛的赔偿,它是在技术上对孩子遗产的偿付,而无关父母的忧伤和震惊。

但是在过去的几年,法院越来越认识到事故中的主要受害者的近亲,
不管过去多长时间,都会遭受比忧伤和苦恼更严重的后果。有时候精神 56
反应特别严重——导致严重抑郁或甚至有自杀的倾向。目前通常会有(或声称有)一系列其他症状,比如没有工作能力、失眠、噩梦等等。在不能对每一位事故的主要受害者的父母或亲属打开赔偿大门时,在情况最严重的案件中法官们已经被迫切想获得赔偿金的亲属折腾得身心疲惫。所以法官们已经允许一部分索赔人可获得赔偿金,但是却把数字控制在有限的范围内,法官们坚持的两个条件是:(1) 索赔人必须患有可辨认的

精神疾病或境况，而不仅仅是长期的严重的忧伤或极度不开心；(2) 索赔人必须目睹事故的发生，或距事故发生现场很近，在时间和空间上能做出可预见的反应，而又不是非常奇怪的反应。这就意味着主要受害者的近亲只要目睹这个特别可怕的事故或灾难，或当事故发生时距离现场很近，或在事故刚发生过就偶遇，都能够对他们所看到的事故所引起的精神疾病获得赔偿金。另外离事故现场很远的，或跟主要受害者不太有关系的亲属不太可能要求索赔，尽管在特殊的恶劣环境下仅仅是旁观者都有可能获得赔偿。在 1989 年希尔斯伯勒足球场灾难的法律诉讼中，许多在此案中受伤和去世者的亲属都索要由此造成的惊吓和精神疾病所引发的赔偿金。通常那些通过电视看到此事件的亲戚没有权利获得赔偿，除了最亲的亲人（比如父母或在有些案件中的未婚夫）外，即使在现场的人也不能获得赔偿金。

但是“扩展”法律的趋势却一直在持续，或许特别是在协商和解的时
57 候。比如，在 1996 年 11 月，林肯郡卫生当局为了和解索赔而支付了 50 万英镑，索赔原因是已经被宣布犯有过失杀人罪[①]的护士比伯莉·阿利特因其古怪行为而杀害或伤害的 13 个孩子的父母患有创伤后压力疾病。发生死亡或伤害的时候，这些父母或许并不在现场，尽管当他们的孩子在还活着时他们来医院看过孩子。而且，这类案件中的赔偿金只应该给予那些真正患有精神错乱的原告，但是很难确保所有的父母是都患有此种错乱而非由于孩子的死亡或受伤带给他们的正常的人性忧伤。必须明白的是受伤的孩子和被杀害的孩子的遗产（其实也就是他们的父母）已经从卫生当局获得伤害和死亡赔偿金。这 50 万英镑的和解金是对父母们自己的精神创伤的赔偿。在致命案件中父母会得到两次赔偿，因为小孩财产所得到的钱必然会留给父母（小孩不会写遗嘱，所以他们的继承人总是他们的父母）。

---

① 《泰晤士报》1996 年 11 月 28 日版。（作者注）

但是，1996 年的一个索赔案件被法官准许，尽管后来被上诉法院[1]驳回。在此案中卫生当局发现医院里的一位产科医生感染上艾滋病，尽管传染给病人的风险极低，但是当局却对跟这位医生接触过的 900 个人写信，通知他们医院发现的并给他们提供艾滋病病毒测试、咨询和建议。900 人中没有一人检测出来呈阳性，但是其中的 114 人却起诉医院，这使他们焦虑和恐慌。这并非暗示医院在雇佣产科医生上或在没有发现她患有艾滋病上存在任何过失；主张的不是医院把病人召集过来，进行面对面的咨询上存在过失，而是医院在寄出信件上存在过失，对病情的建议本应 58
立即可提供的。尽管令人难以置信的是，在这 900 人中，只有 114 人在收到警告信后患有可辨的精神疾病（为了跟自然的焦虑和担忧区分），但是审讯法官却判决应该赔偿。正如已经提到的，上诉法院已经否决了这个案件。

源于希尔斯伯勒球场灾难的其他索赔由一组当时正在球场值班的警察提起（尽管他们的案件有可能被送到上诉法院进行进一步上诉），原因是当灾难发生时试图提供帮助的警察属于“救援者”这一类型，它是一类长期被法律优待的团体，他们可以在别人没权诉讼的情况下去诉讼。尤其是一般情况下救援者是不会由于类似说辞败诉的——说他们存在与有过失或自愿冒着受伤的风险。在此等案件中上诉法院的裁决使得许多群众相当义愤，有些群众给报纸写信指出，警察、紧急服务机构人员和武装部队还有其他相似机构在执行任务的过程中应当会遇见带来创伤的和恐怖的事件，所以很难明白为什么他们要比通过电视看到悲剧发生的死者或伤者的亲属更受到优待。为了公平，许多紧急服务机构和武装部队的人员也出于同样的观点写信给报社，他们指出，毫不夸张的，在他们中有上百万的人对第二次世界大战有创伤和恐怖的经历，并且坚持他们永远没有对此状况进行起诉的打算。 59

对法院的此项裁决有很多批评的力量，如果放任不管就可能会产生

[1] 《泰晤士报》，1996 年 11 月 27 日版。

比手头案件更深远的影响。难道现在的医院必须确保其护士和应付紧急事件的员工(比如处理伤亡者的部门员工)有足够能力避免、或能够处理他们在日常工作中看见的东西的影响吗?难道每个警察部门都必须对年轻且没有经验的职员在处理谋杀或故意伤害或其他他们有可能碰上的紧急状况小心吗?那么陆海空三军的士兵们怎么办?按往常,在支付赔偿金以前当然要证明有过失,但是我们知道,原告争辩说没有事先提供给他们足够的训练或事后没有辅导是很简单的,在特定情况下这本身就意味着过失。许多人在这样或那样的压力重的地方工作(尽管一些失业者会认为他们有工作已经很幸运了),而且近年来有越来越多的人由于压力和焦虑向雇主索要赔偿金,其中有些索赔案的确给予大量赔偿金。或许有人会认为如果一个人不能处理工作中的压力,就应该找个压力相对小的工作。杜鲁门总统一度由于这个建议而很有名,“如果你不能忍受炎热,就从厨房出来”。而今这样说或许更准确,“如果你不能忍受炎热就出去找律师吧”。

这些索赔案件造成特殊困难的一个原因就是:原告必须证明其患有可辨认的精神疾病的法律要求作为一个辨认是否真有病的方法,似乎不怎么有效。必须要说的是医疗职业——跟法官们一样——对声称患有此种精神疾病的人非常同情。一位其近亲属遭遇严重事故,或目睹一场影
60 响(或许是)一名儿童的严重事故的病人可能遭受巨大的精神苦闷或惊吓。但这并不能说明医生比法官能更好地把仅仅遭受正常悲伤和惊吓的人和那些的确由此患病的人区分开来。精神疾病的许多症状看起来是主观的——抑郁,对生命失去兴趣,没有能力工作或失眠等,因此一个人有权对这些索赔者精神状况的普遍性保持怀疑。给予这些完全正常的精神反应一个像“创伤后压力”的新奇名字并不能表明它就是真的,是客观存在的,尽管法官们尽力表现自己不是老式的守旧者,但也会自然而然地被医生说服自己是。

这些案件中一个相当令人担忧的特点就是对原告的长期雇佣前景的

预测是(或看起来是)特别令人怀疑的。当一个人存在客观上的严重身体缺陷时,很容易就预知他可能不能再工作;但是如果状况是完全精神上的,此种预测似乎更可疑——实际上,正如案件的显示的,有时候被证明很不可靠(从第 11 页可以看到此种情况)。但是却有庞大的赔偿金赔偿有时候是依据这些预测的。

很有趣的是社会保障体系也像侵权法一样遭受同样的问题。直到 1994 年任何蒙受长期残疾损害的人都有权领取社会保障的病残救济金,但是在国民健康稳步提高的情况下,对长期残疾的索赔从 1978—1979 年的 60 万剧增到 1992—1993 年的 150 万。当然所有这些索赔都得到那些很乐意证实他们的病人没有能力工作的医生的支持。由于在过去的 15 年里,国家的健康状况逐渐提高,那么增加的病残救济金索赔更有可能来 61
源于抑郁和其他的精神或心理疾病。1994 年政府对此巨大的(且昂贵的)增长做出反应,通过废除病残救济金并用无能力救济金代替——要求无能力救济金的索赔者能证明其无力工作的更客观的症状。或许法官们应该照着做。

还有一个原因说明为什么警察和其他应急部门工人对其精神损失索要赔偿金是相当不值得的。按照制定法的计划,在此种行业工作的大多数雇员如果在工作中受伤或残疾,都允许领取退休养老金。所以一个在工作中遇到某事而受有精神创伤,并被强迫放弃工作的警察跟遭遇同样情况的人比,境况已经非常好了。当然如果他们在法律上有权索要赔偿金的话,养老金并不能阻止他们那样做(在此情况下他们仍然有权利获得养老金,而且也不会因为有养老金就减少其赔偿金),但是却有理由认为在索赔案中对索赔人的同情有时候错置了。

经济损失

还有一种损害原告有时希望提出索赔,而这种损害引起非常困难的法律和政策问题，这就是在没有任何人身伤害（甚至精神伤害）的情况下对纯经济或金钱损失的索赔。假设一位承包商在挖路修下水道或电话线的过程中过失地切断了电力电缆，结果有可能是剥夺了当地顾客，甚至当地商业和工厂几个小时的甚至更长时间用电的权利。这不仅仅是带来不便，而且还有直接经济损失，比如，造成一家公司的工厂不得不关闭半天。
62 诸如此类的索赔在法律中一直是未知的，直到现在才出现，但是即便今天也并不会被完全允许。其主要原因完全是出于实用考虑，此种索赔一旦被允许，那可能出现的后果就是不受限制的。当一些人身伤害或损害造成另外一个人或其财产损害时，所有人都有可能遭受经济损失。比如在电力电缆这个案件中，工厂老板并非是唯一的遭受经济损失的人——或许他的工人会因此损失收入（比如损失加班费），而由于延期交货，他的顾客也遭受经济损失。而且，在他们遭受损失的时候每一个与双方有关的人都会轮流遭受金钱损失。如果工厂老板的工人损失工资，或许当地酒吧老板也会遭受金钱损失，或许地方足球队会发现这周的收入下降等等。简而言之，像这种损失的波及范围是无穷的，在这种情况下法院拒绝让这类案件被起诉是非常明智的。

但是事情并不会就此停下。如果是索赔纯经济损失，你就不能按普通的过失行为要求损害赔偿金（正如我们所看到的），而需要按违反契约起诉，而且有些违反契约的诉讼与过失诉讼很相似。我们已经讨论了若干关于保险公司兜售养老金计划的案件，在那里甚至遇上对纯经济损失的索赔，因为存在过失合同责任（见第 48 页）。但是允许基于违反契约对这种损失索赔给其带来一个非常令人担忧的可能，即有些对过失损害赔偿金的索赔会因为这样一笔令人难以理解的钱而使法律体系不能合理地处理后果，或即使可以，却造成社会和商业的动乱，这个结果不可能符
63 合任何人的真正利益。特别是公司会计的潜在责任是庞大且无法估计的，因为他们在数百万英镑的商业活动中进行职业审计或提供建议。假设一家公司希望以几十亿英镑的价格收购另一家公司——在今天这绝非

是不正常的商业交易。在接管前做出的出价上,买方公司(称为 A 方)会希望第二家公司(称为 B 方)的价值让他们满意。为了这个目的他们不得不依赖会计师,他们将会尽力检查在案的记录和文件,然后会给 A 方必要的确信。如果会计师们犯有过失,结果有可能是 B 并不像 A 所期望的那么有价值,并且 A 会因为受到伤害而愤愤不平——实际上是他们非常痛心,而对会计师的过失索要损害赔偿金。如果这是单纯的过失索赔就不可能被允许,但是因为会计师按照合同为 A 工作,提供专业服务,过失诉讼原则上是可行的。事实上这在法律上并非真的有问题。根据普通法律原则,真正的问题是会计师们应负责的赔偿金会是好几百万英镑,有时候会更多。

对于此情况没有什么好奇的。世界上有许多主要的会计公司(都是庞大的组织)最近受到诉讼案件的威胁,这些诉讼案件的总价值肯定在几百万英镑以上。或许律师公司也发现他们受到同样责任的威胁。对此说会计们和律师们应该免受责任,并不是问题的答案——他们已经承担了,但是连保险公司都不愿意给这种程度的责任投保。许多公司都发现对此责任不可能获得超过五千万英镑的保险金额,所以如果公司的确对此赔
偿金承担责任,那么每一个合伙人都要倾其所有。专业公司(像会计、律 64
师、医生等)的合伙人不像商人们那样操作,商人受有限责任制度的保护。在商业上,公司或许会破产,股东们将失去他们在公司中的投资,但是按照普通法律,公司的董事们个人并不对公司的债务负有责任。但是合伙人却对此负有很大责任,而且这种巨大的责任超过公司的保险金额,致使他们破产,他们的房子和其他资产也会用来还债,而且公司是完全破产并且会被清算。所有这些都由一个过失行为造成,一条有过失的建议造成。

这些潜在的后果很荒谬,并且跟可能导致责任的过错的严重性完全不成比例。而且这也完全跟公众利益相反,因为大型的会计公司是拥有高素质专业人员的对社会和商业有用的机构,社会经常需要他们的服务。对这些恐惧的结果就是当今的许多大型会计公司寻求方法来限制合伙人

的个人责任，比如通过按有限责任公司运营，或在法律可以保护他们的海外国家设立总部。但是在此过程中存在严重的困难，而且目前来自于这种诉讼的威胁对大型职业公司而言仍然是真实存在的。

这向我们说明的是，只有在保险存在的情况下大部分的过失法才可接受，而保险不适用的地方法律既是不可接受的，也是不公平的，而且还不符合公众利益。幸运的是，在普通的伤害索赔和意外事故索赔中，只要是讨论中的身体损害和伤害，责任就会比那些潜在的庞大的无法估计的经济损失低很多，保险就是随时可得到的。我们在第五章来讨论这个重
65 要的问题。

第三章
更多的法律扩展

❐ 扩展能给予的损害赔偿

对评估损害赔偿的原则的简单勾勒前文已经给出。在此多言几句来表明法律的现代变化如何总是有利于原告、并增加可获得的损害赔偿金。这些改变绝非完全来自于法官们。许多的改变来自于议会,还有很多是跟随法律委员会的建议。所有这些都是为了表明来自于不断提高那些索要损害和死亡损害赔偿金的人的压力是多么巨大。在第六章我们将具体研究为什么这项政策有如此的错误,尽管它来源于对受害者自然而然的同情和怜悯。在此要求读者保持清醒的头脑,在每一位获得损害赔偿金的事故受害者中,就可能有 8 位或 9 位其他遭遇相同事故的受害者,或许可能还有 90 位残疾人,他们的无能力并非来自事故,却没有获得任何赔偿。

跟损害赔偿金额的确定相关的规则在过去的 30 或 40 年中没有很大的改变,并且的确很难说如果考虑到通货膨胀的话,损害赔偿裁定额会增长到何种程度。正如我们所看到的,对经济损失的损害赔偿主要包括收入损失和各种医疗费用。由于真实的收入在近十年来明显增长很多,而 66
医疗费用比一般通货膨胀率的增长高很多,因此会很自然地预期对经济损失的裁定赔偿总额也会大幅度上升。正如我们先前看到的,对非经济损失的损害赔偿金已经轻微下降,尽管这有可能更多地被这样的事实抵销——现今在经济损失损害赔偿中有许多新的和不同类型的经济损失作为单独项目被包含进来。

看起来确定的是，至少在过去的30年里，对最严重案件的损害赔偿金（既包括经济因素和非经济因素）的最高裁定额已经大幅度增加。1968年上诉法院在一起高收入和造成最严重（伤害）的案件中，将那时尚无先例的66000英镑的裁定额减少到51000英镑。所以这可以被认为是在当时可允许的能给予的最高种类裁决的基准点。但是今天在最坏案件中的最高裁决在价值上超过200万或300万英镑（其中有些在今天已作为“结构性和解”的一部分，也就是赔偿金以年金方式支付，而不是一次总付）。因此最高裁决在最近30年看来已经增加到30倍到50倍，而收入在同期总体上增长到10倍或12倍。

其他就损害赔偿的规模改善了原告地位的改变包括，1969年引入的制定法的要求，即就人身伤害裁定的损害赔偿现在应包括利益，除非有相反的特殊理由。由于在这些和解或审理的案件中经常存在长期的延迟，对利息的法定权利经常会使得总赔偿金金额上升10%甚至20%。

另一项改变——作为司法裁决的结果——对于需要由亲属照顾或护
67 理的事故受害者要给予额外的损害赔偿金。法官认为，如果原告伤势很重而需要雇人照料，并付给此人工资，工资将作为可获赔的项目，而如果他的妻子或父母（比如）出于爱而不是金钱承担照顾其的重担，那就不需要偿付，这是不公平的。所以现今原告有权利获得护理费用的额外赔偿，即使并没有真雇人照顾。

1994年有个案件，一位年轻的骑摩托车的人严重地伤害了坐在其后座上的人，而后来又与之结婚。值得表扬的是在妻子受伤的时候，丈夫在家一直照顾她。在一场名义上起诉其丈夫的案件中，妻子获得60万英镑的损害赔偿金，其中的77000英镑作为丈夫对她照顾的补偿。这笔钱在上诉中被驳回，因为上议院裁决，由于丈夫本人就是不法行为人，他就不应期待可就提供的照顾获得偿付，因为正是他自己的过失才使得照顾成为必要。法律委员会最近提议逆转此裁决,在这种情况下护理病人者应该对自己的工作得到补偿。这项提案没有任何作用,除非假定责任所依据的法律“错误”是技术上的,是毫不重要的次要事情,而在现实中赔偿的权利是基于保险而不是做错事。但是一旦达成这样的结论,那整个制度就没有意义了——如果事故并非由于某人的过错,为什么跟那位年轻女士遭受同样伤害的人却不能获得任何损害赔偿金(更别提额外的77000英镑了)?

另一项由法官制定的规则在近年经历了几次变动。这一规则是有关抵销收益(offsetting benefits)问题。当原告受伤时,除了损害赔偿金外,他有权从其他来源获得其他补偿。考虑到这些补偿,需不需要减少损害赔 68
偿金呢?比如,假设原告是一位警察,因为在事故中受伤,他不得不退休,并获得一份残障退休金。因为有退休金,损害赔偿金是不是应该减少点呢?上院在1969年表示反对,在该案中警察不仅获得赔偿金和退休金,还有社会保障金。在随后的案件中也有尝试去说服法院裁决对收入损失的赔偿金,尽管实际上收入是由雇主赔偿的,但是这种尝试已经失败。即使考虑到对原告的同情,也必须在某个地方划出界线。如果他并没有任何收入损失,他就不能获得对任何收入损失的赔偿。

关于对事故受害者可支付的社会保障补偿方面出现同样的问题。在这方面,近年来原告的处境已经变得更糟糕了——这是在人身伤害诉讼中不利于原告的少数现代法律变化之一。曾一度已经支付给原告的社会保障救济金在损害赔偿金额的估定中被大量地忽视——对部分(而非所有的)救济金作出了少额扣减。最近政府按照一套复杂的制定法规定,花费大力气从赔偿金中收回更大额的收益。这些都太专业,就不详细讨论了,但是这仅适用于超过2500英镑赔偿的裁决。低于这个数目的,原告有权拥有他的损害赔偿金和救济金,仅受制于如上所述的先前有效的微额扣减安排。超过2500英镑这个数目,支付赔偿金的保险公司必须减掉就伤害已支付的社会保障补偿金,然后把钱支付给(英国)社会安全部。当然这并非是为了减少原告的总赔偿金额,而仅仅是为了减少有关的重 69

复获偿,也就是当法律索赔正进行的时候原告获得救济金,然后又获得一大笔足以偿还救济金的钱,并且常常还有剩余。

在致命的案件中,法律总是特别有利于家眷的索赔,特别是寡妇(不太会是鳏夫)。在此情况下几乎没有任何尝试避免重复获偿的行为,而且许多接受救济的寡妇肯定会发现在其丈夫于事故中被杀后,她们的经济状况实际上改善了,而且是大幅度的改善。比如,根据制定法的明文规定,所有人寿保险赔偿是被排除在损害赔偿的计算之外的,同样按照死者雇佣计划,死者享有的获得养老金的法定权利和社会保障金的法定权利也是如此。进一步说,根据另一项在 1971 年通过的法律的明文规定(根据议会自由投票),寡妇存在再婚的事实或可能性也不予考虑。由于有许多寡妇会再婚,并且在其第一任丈夫去世的一两年内会再婚,而她们的案件需要花费一定的时间进入法院或得到解决,对于寡妇而言,在其高高兴兴地嫁给一位更富有的丈夫时,她绝不会不知道她就其因(第一任)丈夫死亡而遭受的损失会被判给损害赔偿。在美国,一位寡妇就其第一任丈夫的损失索赔,在该诉请得到处置之前她要嫁给第三任丈夫,对此她不会不知情。如果这个案子被诉到法院,再婚的事实就要向陪审团隐瞒,而陪审团有时候不得不面对一位身穿黑衣的寡妇,并时不时优美地用手里拿的手绢擦眼泪。在英格兰我们避免这种闹剧——但是,还要在她好像没有再婚的情况下确定赔偿金金额。

在一个极端的案件中,一位有钱人给一个孩子捐献了大概 40000 英镑,又办理了人寿保险来覆保早死的风险以及一项 17000 英镑的额外遗
70 产税(additional death duties)的后续责任。当他在事故中被杀,他的家人获得人寿保险赔偿,并且可以从被告那里获得作为额外损害赔偿金项目的 17000 英镑赔偿。换句话说,他们从不同的地方获得 17000 英镑两次。有些人有可能会说:不错,原告运气真好,能侥幸获得这笔钱。但是持有此观点之前,我们需要记住的是所有这些赔偿金的花费最终落到公众身上,我们随后将会看到更多细节。

估计损害赔偿金额成本

对原告遭受的伤害裁决的赔偿金,以及这些赔偿金将来在原告就业前景上有可能产生的后果,实际上是对原告整个生活方式所带来的后果,在很多严重的案件中是很难评估的事情并且评估会有很多麻烦。为此目的需要很多医疗报告和会诊医生的报告,经常涉及数个不同的会诊医生(通常一位是原告的,一位是被告的),并且它们在索赔结束前在一段时间内会重复进行。当然,如果会诊医生是为此目的来看病人的话,他们对英国国民健康服务义务就不是那么有用了。另外,原告更多的社会需求——改装房子,为了使残疾原告能应付厨房或卧室而进行的特殊设备安装,等等——现今是通过其他专家来确定的。当然这是劳斯莱斯级的服务。所有这些会诊医生和专家是私人雇佣的,要偿付大量的专业费用和花费。如果胜诉,这些费用最终也是由被告(或其保险人)来偿付。若原告受到法律援助,在败诉时,这些费用就会由法律援助机构承担。在此种情况下慷慨给予原告的照顾和关心和给予普通社会服务客户的节俭费用形成对比。 71

扩大可被诉的人的数量

配偶

你知道还可以为损害赔偿金而起诉自己的丈夫或妻子吗?哦,或许你会说,(除非是考虑离婚)有什么问题吗?当然,问题是并不需要你的配偶支付赔偿金——是保险公司赔。如果配偶由于过失伤害另一半,可以使用普通的法律条款。夫妻双方一方开车而另一方坐车的事情经常发生。直到 1962 年配偶双方还不能因为侵权互相起诉对方,直到 1971 年在车祸中受伤的乘客还不能获得损害赔偿金，因为保险单上不包含这项。关于这两项的法律现在已经有议会修改并对受损方有利，结果就是配偶可以在此情况下要求赔偿。

当然过失必须总是能够得到证实。但是对另一方造成伤害的配偶只要承认当他开车的时候，车开得太快了，或没有很好地观察周围，或危险地超车，诡计就完成了。保险公司或许会争辩说，他是在非常小心的情况下开车，但是如果他能给法庭证据，双方就会有一场非常艰难的诉讼辩护，特别是在他很有可能败诉的情况下。常言道，配偶双方可能因获益而高兴——或利用获益好好去度假。当然也有非常凄惨的案件，受害者伤势非常严重，所以不管赔偿金是多少，他们根本高兴不起来。

在家里发生的事故也发生同样的事情，但是在尝试以前最好先确认一下保险单。对于家庭保险单（跟汽车保险相反）而言，并没有强迫要求
72 它覆保家庭其他成员，有些保险就不这么做。要牢牢记住，即使是在车祸中，配偶也只有在另一方在驾驶中或使用车时存在过失才能从保险公司获得损害赔偿金。如果你的配偶在你开车时唠叨从而分散你的注意力，导致发生事故使你受伤，你不会从保险公司得到任何赔偿金，因为它们仅对过失开车负责，并不对一位唠唠叨叨的配偶负责。但是作为乘客的配偶却有可能从保险公司获得赔偿，因为一位理智小心的司机是不允许自己被唠唠叨叨的配偶分散注意力的。也很有必要记住你不可能起诉自己。如果你对自己的受伤负有完全的责任，你绝没有可能获得赔偿金，尽管（正如我们曾看到的，第 43 页）你的律师会凭借一点点的聪明来证明你并非唯一事故责任方，还有其他人应该负责任。

每一个人都非常了解在这些家庭内部案件中法律是怎样运行的。引用关于过失的法律仅仅是一个可以帮助双方从保险公司得到赔偿金的方法——并不需要严肃对待。当然，在最后，如果损害赔偿金是这么得到的话，法律的要求是必须要满足的，这样如果家庭里的一个配偶伤害另一个，就可以得到赔偿金，但是若配偶自己伤害自己，就没有意义了。

起诉去世的不法行为人的财产

曾一度,你根本不可能去起诉去世的不法行为人的遗产。原因是侵权行为是个人不法行为,而如果犯有不法行为的人已经去世,对此诉讼就没有意义。但是交通事故发生得很频繁,而在严重的道路事故中,有过失的人或许在事故中死亡。而且,在道路事故中保险成为强制的,所以看起 73
来不法行为人已经去世,保险公司仍可以不赔偿是毫无理由的。所以法律就在 1934 年做出改变,此类的诉讼也被允许。

这或许是一个完美的合理的改革,但是此改革也适用于家庭案件,而家庭案件有时候会产生些相当奇怪的结果。比如,丈夫在一场事故中伤害了妻子,并且丈夫已经死亡,妻子仍然可以对其遗产(因为还有为其丈夫承保的保险公司)索赔,这是完全可以理解的;但是如果夫妻双方在事故中都死亡,依赖他们生存的孩子可以对开车的父母的遗产进行诉讼,并就其被剥夺另一方父母而获得损害赔偿。所以如果一名儿童的父母双方由于自然因素死亡,孩子就不会得到赔偿,但是如果夫妻一方由于过失杀害另一方,孩子就可以获得损害赔偿。同样的,区分这些看起来是没有意义的。

雇主的责任

在法律中有一组非常重要的规则,就是通常所说的替代责任规则。按照此规则,雇主在雇佣雇员期间对犯有过失的雇员在法律上有责任,并没有必要证明雇主自己对所发生的事件本身存在任何过失。当然,雇主可能在挑选雇员时粗心大意,或雇主没有有效地监督雇员,或没有确认他们的资格等等。即使这些形式的过失也可以认为是其他高级雇员的过失,比如总经理或其他,但是有可能在某种程度上公司自己存在过失,而不仅仅是其雇员所为的结果,所以公司要么对自己的过失承担责任,要么对其雇员的过失承担替代责任。但是如果原告按照替代责任原则对雇主
74 进行索赔,他就没有必要证明公司本身存在过失。他所需要证明的就是雇员是有过失的人,而且是在工作的过程中犯下的过失。

这就意味着有大量事故和损害导致对雇主的索赔。每一位公车司机,每一位卡车司机,每一个工厂工人在工作的过程中,如果存在过失而伤害其他人,都会使其雇主负有责任。这个规则绝非新的——它至少从1700年就跟我们在一起;并且在上个世纪得到最大的扩张。但是最重要的改变却是在1948年。直到那时,一般而言,一个雇员不能就另一个雇员的过失起诉雇主,只要他们处于“共同雇佣”中,也就是一起工作。这意味着,一般而言,替代责任在创设对公众——即处于所涉的雇佣或营业之外的人——的责任中是非常重要的。但是自从1948年以来,雇主就要对一名雇员因另一名雇员的过失而受到的伤害承担责任,而且这种责任已经大大扩大其范围,而且这些年来也越来越重要。今天所有工作事故中有相当大的比例(至少10%,有可能更多)导致对雇主提起损害赔偿请求。

替代责任原则除了有这个重大改变以外,在本世纪所发生的改变也无非是些微小的整理——尽管还是对原告有利。比如,此规则在过去的四十年或五十年里受到扩展的方面就是关于雇员的定义。曾经像医生之类的专业人士被认为应该被排除在此原则之外,但是这种想法已经消失很久了。受雇于医院的医生现在跟其他雇员一样。事实上,全科医师不
75 受雇于公共医疗卫生服务,他们是自己经营的,但是不管怎样,这对我们的目的没有影响,因为即使他们没有雇主,他们也有承保人。

在现代,扩展这个原则的第二个方法就是扩大雇员“在雇佣过程中”这一概念,也就是通过将雇员视为在从事其工作,即使他在做他明显不应该做的事情。这个原则在下述情形里是最容易理解的,也可以说是最容易得到正当化的,即在过失发生的时候,雇员的确是在干受雇用时应该干的工作,但是今天这个原则比这可宽泛多了。比如,即使雇员在工作的时

候完全出于自己的目的和利益做自己的事情，雇主仍然有责任。所以汽车加油站的雇员，在当班的时候吸烟并引起火灾，会导致他的雇主负有责任。而且雇员做的行为是被明令禁止的，但只要他所从事的属于雇佣范围内应该做的，雇主就有责任。比如，要求一位雇员去打扫工厂的一些电力机械，虽然明令规定要先关掉这些机械才可清理，但如果雇员在清理时没有关掉这些机械，雇主就有责任。护士 Beverly Allitt 通过故意弄错药或给予过量的剂量，致使几位病人死亡和受伤，从法律角度来讲，她是作为护士在雇佣过程中采取行动的，所以医院应该对其行为承担责任（但是，如果她试图对病人进行手术，这就不属于其雇佣范围）。同样的，监狱狱吏把犯人放进"笼子牢房"并强行剥光他的衣服违反监狱条例，狱吏的行为可能导致内政部对其行为承担责任，只要他们的行为属于"以错误的 76
和未授权的方式执行职责"，而不是正好在正常职责范围外行为。正如一位知名的审判曾经表述的那样，只有雇员是"自己在玩恶作剧"的情况下，雇主才会没有责任。

替代责任也适用于合伙人，在为合伙工作的过程中，双方都对彼此的行为负有责任。这也是我们先前看到的（第 64 页）给专业事务造成麻烦的原因之一。非常大型的会计事务所或许会有上百位合伙人，每一位合伙人都不得不对其同事在工作过程中的责任承受完全的职责。根据替代责任的通常规则，合伙人也要对他们的员工承担责任。

替代责任法并不会使负有过失的员工免除责任——法律所做的这些都是为了既让雇员也让雇主承担责任。由于原告有权利起诉在法律上对其负有职责的任何一方，他可以单独起诉雇主并从他那获得所有损害赔偿金，即使雇主完全没有任何道德上的职责，所有的过咎都应该由雇员承担。从法律理论上讲，已经偿付赔偿金的雇主能够从雇员那儿追偿。但是在现实中却从来没有发生过。雇主不想通过此种索赔跟他们的员工对抗，而且在社会和雇佣的背景下，把过失当成是应该谴责的过错的法律文化是完全缺失的。大多数的人认为，每天普通的过失行为（比如粗心地开一辆卡车)并不是什么值得严重谴责的行为,并且因雇员犯下此种行为就处罚他是不公平的,不管怎么样,雇主对此都是买过保险的。如果过失很严重,或许会惩罚雇员,甚至因其行为而开除他,但是几乎没有听说过雇
77 主要雇员这个第三方分担责任。事实上,保险人和雇主一致同意不会进行这类索赔。这就意味着损害赔偿体系也非常鼓励对事故的真实原因予以放纵,这分散了试图约束或惩罚那些对伤害或损失有责任的人的重要任务。这个法律太关注原告是否能够拿到钱,因而就不太关心到底是由谁来偿付这笔钱。

□ 对可以被诉的人的进一步扩展:公共机构

在过去的五十年里,根据侵权法,政府当局的责任获得巨大的增长,但是大概在过去十年里,也是在这个领域,法官们似乎最终决定表明态度,反对某些最极端的扩展形式。

在此,第一个重要的发展就是在 1947 年通过了《王权诉讼法》,规定国家或政府对其员工的过失,有责任偿付损害赔偿金,这跟所有普通雇主是完全一样的。这个法案并不适用于其他公共团体的员工,比如前国有工业、地方政府等。这些公共机构在法律上是和王权或中央政府有区别的,并且它们总是对自己员工的过失有责任,这跟普通公司是一样的。1947 年的法案所做的就是扩大对中央政府自己雇员的这种形式的责任——这里的雇员也就是公务员和政府官员。最初邮局员工也包含在 1947 年的法案中,尽管现在的邮局是公营公司,这些责任已经从中央政府分出,而由公司承担;最初的武装部队也被 1947 年的法案排除在外,但是(正如我们下面提到的)最近得到改变。随后,其他法案开创了对其他
78 公务员的替代责任,并非所有的人最初都被 1947 年的法案包括在内。比如,自从 1964 年开始,地方警察部门(以郡警察局局长的资格)对警察的

行为承担替代责任。

最初1947年的法案作为一个令人欢迎的收获得到大家的欢呼,因为这是小人物对抗像歌利亚一样庞大的政府。那时的工党政府似乎想把英国变成一个社会主义国家,所以越来越多的人受雇于中央政府,而许多人认为不能起诉政府里有过失的雇员是既不公平也不正确的。在一定程度上这种抱怨是正当的,而且在每天的普通事故中(像汽车事故),政府应该像任何其他人一样承担责任毫无疑问是足够公平的。如果法律在此是一团糟,那以前的就更糟糕。但是让律师相信你那普通的生意跟政府的地位是同等的还有些天真,虽然让这些问题显露出来还要花费一些时间。最近逐渐清晰的是,法律必须在政府行为和普通商业行为之间作出一些区分。很显然一个机构不能让人起诉政府,宣称(比如)财政大臣在经济政策中过失很大,以至于原告的老板破产,他则成为失业人员。而且,如果警察部门、消防部门和其他公共服务部门都被认为是普通营业,他们会发现他们应承担过失责任,因为他们并没有在安全警戒上花费足够的钱——但是"他们"的钱事实上是纳税人的钱,但却是政府来代表纳税人来决定这些部门需要多少钱。肯定不会允许法官们藐视政府决定分配给各个公共服务部门的钱。

在过去的十年或二十年里,有许多起诉政府和其他公共服务部门 79
的案件,从这些案件中出现了很多很难处理的问题。其中一个主要的案子就是Dorset Yacht案件(关于损坏原告豪华游艇的逃跑的少年犯),它前面已经被提及(第51页)。这个案件被视为普通的过失诉讼,内政部官员因让少年犯逃跑而被认为有过失。但是这个案件还存在深层次的问题,事后才显现出来。其中一个难题就是,这样的案件或许牵涉到政府或其他公共服务机构的政策决定,这些政策决定在我们的政府体制中是由宪法委托给这些机构的。如果内政部把应该偶尔地让少年犯们出去郊游作为一项政策决定下来,鼓励他们像普通公民那样成长,而允许法官之后因为这种行为对公众存在太大的风险而宣布这些少年犯的行为构成过失,是很令人担忧的。最近法院已经变得对此种论断很敏感,并且在更小心地避免侵犯此种政策决定,但是,理所当然,低级的行为或决策仍有可能被判为过失。

另一个问题是财政问题,上面已经提及,并且在适当的时候,还需要对此问题做出更多的阐明。在判定政府或其他政府当局败诉的判决中,损害赔偿金是由纳税人承担的,因而可能有人会认为这些纳税人会有真正的利益去观察这些钱支付给了谁,如何支付的。比如,警察局和卫生当局每年为他们员工的过失或其他侵权行为偿付上百万的赔偿金,现在却发现他们的预算被这比巨额赔偿金耗尽了。他们偿付一英镑的赔偿金就意味着少了一英镑用于日常任务——维持法律和秩序,或治疗其他的病
80 人。在真正严重的案子中,一个卫生当局或许会为一个病人就支付上百万英镑——对许多其他的病人而言,这当然就意味着有许多其他病人要等待更久,或取消手术以及其他等等。关于谁优先的问题就出来了。比如,如果这意味着真正生病的病人不得不取消或推迟其手术,那么,由于孩子死亡或受伤而遭受精神创伤或情绪困扰的父母,在精神上还有权获得 50 万英镑的赔偿吗?

那么对警察逮捕错的公众所索要的巨额赔偿金怎么办呢?因为对侵犯个人自由的案件,传统法律一直表现得很敏感,所以一个被警察逮捕错的人可以获得上千英镑的赔偿金,即使仅仅被逮捕了几个小时,即使没有任何身体上的伤害,也没有造成任何的精神创伤或恐慌。但是由于他的基本权利受到侵犯,他有权获得这一大笔赔偿金——严格地讲,这根本不是过失案件,但是为了我们的目的,他们出现许多相同的问题。1995 年仅都市警察就支付了 160 万英镑的赔偿金——几乎是 1990 年的 2 倍,是 10 年前总数的 8 倍。① 很难相信在过去 10 年里,警察的失职行为增加了这么多——看起来已经发生的是更多的人去起诉并被判给更高的赔偿

① 《星期日邮报》,1996 年 12 月 1 日版,第 9 页。

金。在警察资源以前所未有的方式为犯罪程度所过度使用时，就发生了这种情况。在起诉警察的案件中，这些巨额花费特别荒谬，因为这是少数为了惩罚而判给损害赔偿金的案件——法律认识到，惩罚性赔偿有可能在原告的基本宪法权利以不能容忍的方式被轻视的情况下被判付。不幸的是，由于损害赔偿金总是裁定由雇主，也就是警察当局，实际上意味着 81
由大部分的公众来偿付，这就错误地惩罚了人。在这种情况下，个人警察很少约束自己的行为，更不要说让他们支付任何赔偿金了。在1997年年初，上诉法院决定，起诉警察的惩罚性赔偿金不得超过50000英镑，但是他们却没有质疑此赔偿合适与否。

正如我们所提到的，法官们最终却决定叫停一些很极端的案件，在这些案件中，它所寻求的是让公共机构对过失赔偿金负责。比如，他们已经否决了一系列的案件，在此类案件中，地方政府对购房者负有责任，因为购房者发现他们房子被建造得很糟糕，违反了地方政府的规章。当然，地方政府雇佣检查员，他们的工作就是确保建筑物与地方规章一致，但是检查员有时候犯有过失，没有注意到本应该注意到的对地方规章的违反。最初从这得出的结论是，雇佣检查员的地方政府应该对这些过失行为承担替代责任。但是这些裁决现在已经被推翻，尽管主要是基于买房者的诉请实际上是他仅遭受经济损失（尽管房屋本身有问题，对买房者而言，真正的损失是买房者把有问题的房屋修好所需的钱），而这（正如我们所看到的），一般而言，是不可被诉的。但是如果这些裁决基于更宽泛的理由被推翻，那或许会更好，因为如果购房者由于房子某处砸其头上而受伤，让地方政府负有更多责任的理由并不那么明显。很显然，在所有这些情况下，真正应该对这些坏的建筑负责任的是建筑商，而非地方政府。但是（正如我们已经看到的）你可以起诉任何一个伤害你或造成你损失的责任人，而另一个人责任是否更大一些没有关系。因为地方政府总是有能 82
力支付判定由它偿付的损害赔偿金，而且容易找得到，所以与没有资源满足判决或甚至消失或歇业的小规模承包商相比，律师们更愿意起诉地方政府。

聪明的门外汉或许认为,在此种情况下,应该花费更多的精力来确认真正应该承担责任的是负责的建筑商,这个聪明的门外汉本应是完全正确的。但是损害赔偿法完全不关心造成损害的责任方应该对其行为负责,它关心的仅仅是所做出的每一个努力都是为了能够让受损方从某人那里得到赔偿,不管是谁都可以。幸运的是,通过国家房屋建筑委员会,已经出现一些行动,让新建房屋建筑商对其建造中的过错承担责任,但是这还需要进一步的发展。但是就现在而言,对这些案件,地方政府可以更轻松地松一口气。

就在去年①,上院作出的另一项重要裁决就是:对起诉公路当局没有消除公路上的危险或没有消除靠近公路上的危险设定了重要的限制。虽然现在公路当局原则上对未修公路负有责任,但是这项裁决试图在公路当局为了道路安全未移除在交叉口阻挡视线的土堆而改善道路时使其承担责任。可以清楚地看出,如果法律开始朝这个方向走,确实像是在一个非常滑的斜坡上——我们是不是应该看看法官的决定,看地方公路当局
83 没有在此修建一个新的环状交叉路口或安装一个交通灯,或者把单行慢车道改成双向车道是否存在过失?但是,正如我们所了解到的,法官们对在事故中受伤的受害者的同情,还有他们希望看到受害者得到赔偿的愿望,是如此强烈以致他们经常在压力下表明,一定要找到某个人,不管是谁都行,来承担过失责任。幸运的是,这项裁决似乎表明高级的法院至少决定把这些事情留给地方政府来决定,而不是由法官决定,但是这的确是险胜——上院的裁决仅仅是由两个到三个法官做的。

上院在 1995 年做的另一项重要裁决现在受到挑战。这个案件所持有的观点是,地方政府没有照顾好孩子或没有保护好他们免受父母虐待,孩子不能对地方政府提起诉讼,哪怕已经证明有过失。最高法院律师正计划把此案件上诉到欧洲人权法院②,这就意味着纳税人给一位官员付

① 斯托文诉明智［1996］3 All ER 801.

② 《泰晤士报》,1997 年 1 月 4 日版,第 2 页。

工资，而官员就把强迫纳税人给受父母虐待的孩子支付赔偿金作为其工作。很显然，这真是一个滑稽可笑的场面。

警察部队对其失职（跟通常的作为或过失的积极行为相反）承担责任的可能性已经被法院坚决否决了。1988 年，一位被臭名昭著的“约克郡残害妇女凶犯”（他已经杀死 13 位妇女，并想继续杀 8 位）谋杀的年轻女子的母亲起诉警察，起诉警察在女儿被杀害以前，就有足够的证据认出凶犯（这是她声称的）但没有逮捕凶犯。再一次，我们看到警察并非是这起谋杀案的真正责任方；争论仅仅就是他们没有阻止谋杀，犯有过失。上院拒绝此索赔[①]，坚决认定警察在此索赔中没有责任，尽管他们存在过 84
失。他们持有此种观点的主要原因之一就是在不考虑来源的情况下，不可能讨论警察*应该*怎么做。而在此，正如我们先前所看到的，很重要的一点是法官们不能把他们认为公共团体应该花多少钱的观点强加给别人，因为这种裁决按照宪法，是应该由英格兰的部长们和议会制定的。从传统上讲，在美国，法官行使的权利比英格兰的大得多，法官总是强迫地方州政府花费巨额的钱（因此州政府不得不提高税收）来提高精神病院、监狱和其他相似机构的标准。这是一条我们不需要走下去的美国路。在英格兰，大家广泛接受的是法官无权告诉部长们或其他当选的政要们他们应该花费多少钱（和他们应该提高什么税收），尽管必须说的是有些近期的裁决已经很接近这么做了。

所有这些并不意味着警察仍不对普通的过失行为——像粗心开车，或错误逮捕这类的侵权行为——负责任。上面案件的意思是，在正常情况下，无论如何不能由于警察没有阻止犯罪行为就负有责任，尽管在特殊情况下（比如，如果警察得知一个人正在威胁某个人的生命时），警察由于没有保护好这个人的安全，有可能负有责任。如果法院大量地承认此种过失索赔，很容易就会看到紧跟而来的如洪水般的起诉。不要紧，你可

---

① 山诉首席警官的西约克郡［1988］2 All ER 238.

以起诉应该制止他的那个警察。你有没有被偷过？或许你可以起诉警察
85 的过失，因为没有警察在巡逻。你有没有被抢劫过？或许罪犯先前就被捕过，并且在没有对其进行指控的情况下将其释放，或在警告后将其释放——那么你或许有可能争辩说警察没有将其呈交法庭，存在过失。幸运的是，诸如此类的索赔现在不太可能胜诉。当然，还有一些困难的边界案件，比如警察对紧急呼叫反应缓慢迟钝，导致一场本有可能被阻止的严重罪行的发生。

事情还有可能更糟：假设假释裁决委员会由于过失的推荐释放一个人，结果这个人却继续犯下更多的罪行而被起诉吗？或者假设（如发生在1996年的一个案子）地方法官不顾警察的积极反对释放了一个保释中的人，而被告继续实施了一起谋杀——地方法官们是否有过失责任？可以稳妥地说，这种诉讼在今天是没有机会胜诉的。

能够注意到的是，在上面提到的棘手案件主要是关于公共团体的不作为。现在自相矛盾的是，政府做得越多，政府越想保护公众免于受到损害或其他不法行为，政府就越有可能遭到批评和攻击，说他们应该干得更多。如果政府公共卫生当局试图阻止传染病的传播，肯定会有人批评卫生当局，或许会起诉他们，因为没有提前采取措施，没有更有效地控制传染病的爆发。如果政府为了保护公众，建立机构来管理和控制诈欺，这些机构肯定容易受到批评，并经常因为在特定案件中没有采取更有效的措施来阻止诈欺而遭到法律上的诉讼。如果政府成立消防部门来灭火，那么消防部门肯定会被批评或有可能被起诉，说他们没有更有效地灭火或
86 更快地把火扑灭。如果政府（或市政委员会）在非常恶劣的天气给道路铺以沙石，市政委员会肯定会因为没有快点铺好或没有在天气不太糟糕的情况下铺而遭受批评，有时候还会遭到起诉。

这些事情或许对于那些由于政府或政府建立的机构失职而受伤（他们认为）的人来说，是很正常的反应，但是当政府采取措施，为了保护公众避免遭受一定的损失或伤害时，并不能得出如果他们的保护措施不得当

或不起作用，政府部门就必须支付赔偿金的结论。用各种各样的方式建立机构来保护大众一点也不荒谬且合乎情理，但同时在机构工作没有做好，而使得个人遭受损害或损失时，机构拒绝赔偿也是合情合理的。事实上，一旦充分意识到赔偿制度根本就是一个保险制度（会在第五章详细说明），那么认为政府的保护安排无效，政府应该承担赔偿金的论断看起来，实际上，就是政府应该提供免费保险来保护公众免遭损失和损害的论断。但是并没有免费保险这样的东西，所以如果政府有责任需要支付赔偿金，那么公众就不得不支付政府所赔偿的那部分保险金。

所以，需要明白一点的是，即使政府试图保护公众免受风险和损害，这些风险和损害大家都需要学着接受，除非他们能保护他们自己或保护他们的财产，比如通过保险或其他方式。例如，政府建立消防部门，并不意味着政府要承担职责确保房屋免遭它们未能扑灭的火灾的损害。政府努力避免儿童受到父母虐待，并不意味着政府在失职时应向这些儿童支付赔偿——尽管官方律师想要说服欧洲人权法院做出其他裁决。 87

当然，政府和政府建立的部门不应对他们在特殊情况下没有使用权力的方式免受批评，但是损害赔偿诉讼是调查公共机构表现好和表现差的最微弱的武器。因为它的主要目的是为了赔偿那些遭受损害或损失的人，但是整个法律却偏离了这个目的；并且如果此诉讼的真正目的是调查有异议的机构的效率，那么通过这种方式是不能够达到目的的。别的不说，可以在法庭外支付赔偿来解决索赔，所涉的公共机构的行为越是糟糕，就越有可能通过提出和解来解决责任问题。部分是由于这个原因，部分是由于更复杂的原因，法官们现在开始认识到在这些过失索赔案件中，太任意的扩展公共机构的责任是有很大问题的。

但是仍然有许多此类的索赔被起诉并被据理力争，经常给所有相关的人造成巨大费用。比如，最近地方消防部门出现问题，并且在一系列的案件中消防部门被起诉，有可能最终上诉到上院。这里出现的问题跟上面提到的问题稍微有些不同，而索赔甚至更不具有太大的价值。因为大部分的火灾赔偿都包含在业主的保险中，一般情况下，业主不会因为消防队没有很快灭火或没有用最高效的办法灭火存在过失，而有兴趣主张损害比本应的那样更糟糕。但是业主的保险公司在法律上却有权利以他的名义（根据代位法律规则，后面会有解释，第 131 页）要求索赔，而且根据
88 替代责任制度，保险人也有兴趣起诉消防队，或严格来讲，起诉雇佣消防队员的地方政府。如果此类索赔有很多的胜诉，那最终结果就会是火灾损失的部分费用将会从业主的保险公司转移到地方政府纳税人的身上（当然，在这个过程中，会产生一笔巨大的额外法律费用，所以如果保险公司一年的赔偿金是一千万英镑的话，那地方政府的账单将会是一千万英镑再加上另外的五百万到六百万的法律费用）。所有这些都显示出当法律体系失控时将会发生什么。错误的人得到赔偿，错误的人承担赔偿金，只有律师从中获益。

武装部队

如上面所提到的，根据 1947 年的《王权诉讼法》，武装部队里的成员最早被排除在起诉权以外，所以不允许在部队服役的一个成员由于另一个成员的过失对其造成的损害起诉王权（换句话说，起诉政府，纳税人）——普通人可以起诉，但是军队的成员却不能。排除他们的一个很好的原因就是军队成员因公受伤，有权获得抚恤金，这跟因公死亡者的家眷有权获得抚恤金是一样的。但是由于赔偿金文化在增长，人们开始质疑这种豁免。为什么武装部队的成员因公受伤不能像公共机构的其他成员一样享有幸运？（这让人想起一个故事，有人给一个小孩看一幅画，画的是在大竞技场上，古代的基督徒被狮子吃掉，因为一头可怜的狮子似乎并没有古代的基督徒可吃，小孩因此而哭。）不可避免的后果跟着发生，
89 尽管在此情况下，议会（受到公众支持）是有过错的一方，而不是法官。《王权诉讼法》在 1987 年经由一项普通议员议案而得到修订，允许服役人

员在因另一成员的过失而受到伤害时诉请损害赔偿。值得补充的是新法案并没有剥夺获得赔偿金的军人在同一个事故中获得抚恤金的权利。

修正法案的一个小条款规定，由武装部队（也就是纳税人）的账单所引起的额外费用会在将来从提供给议会的那笔钱中扣除。当告知议会议员这项条款的真正意思时，他们都震惊了。据估计这项法案的成本每年将超过1300万英镑，其中的一大半都是法律费用。另外估计国防部还需要聘用24位律师来解决这些案件，费用（1987年的费用）大概是一年70万英镑。许多议会议员都被这个数字吓到，这真是一个令人羞愧的反应，主要是由于他们的无知，因为关于赔偿体系的法律费用已经众所周知，至少本书作者在1970年第一次出版的《事故、赔偿和法律》中就有，特别是在《1978年英国皇家委员会（皮尔逊委员会）报告书》之后更是众所周知。假定损害赔偿的法律责任体系是赔偿伤者的公平和有效的方法，因而按此方法对其进行细微修改，真是很可叹的一件事。

1996年，法律上的这次更改导致引起这么一个案件[①]，它当之无愧地被称为是近十年来最不值得的一个损害赔偿诉讼（对此有话可说）。我从法律报告上引用下段：

> “原告是海湾战争中一名在英国陆军炮兵部队服役的士兵。当
> 他的部队按照部署在沙特阿拉伯准备用榴弹炮向伊拉克开火时，他 90
> 的司令官命令他从炮架前取些水回来。当这位士兵刚到炮架前方时，司令官过失造成炮弹走火。这次开炮炸飞了士兵的双脚，并且造成失聪。”

所以原告就对国防部索要损害赔偿金，因为他的司令官过失造成他的失聪。在这次战役中，应该记住的是，在有些情况下，英国服役人员冒着失去生命的危险。幸运的是伤亡人数很少，但是仍然有一些人死亡和一些人受伤。有些空军战士在伊拉克被俘，并遭受他们的虐待。当然，这

① 马尔卡希诉国防部[1996] 2 All ER 758.（作者注）

些人中没有一个人可以索要损害赔偿金，因为是伊拉克，而非其他英国军人应该对伤亡负责任。而且，那时的英国军队还是自愿兵，不包含应征士兵，所以有人或许就会认为单纯的自愿事实中暗示着某种程度上对风险的接受。但是造成失聪的损害赔偿案件还是到了英国法院，而且还允许巡回法官来审理。只有在上诉法院这种起诉才会被完全否决，因为军队战士在真正战役炽热化的过程中，不能因为对另一个人造成伤害就对其负有责任（当然，不管怎么说，起诉会花费纳税人一些钱，很可能是国防部的法律费用——这不可能从法律报告中判断——如果原告也同样使用法律援助的话）。

这个案件值得我们深入思考一下。为什么这个案件可以如此轻易地激起修改《王权诉讼法》的热情，特别是在它可能导致如此荒谬可笑之事的时候？答案是，不得不说是因为法案发起人很好地利用了选择性比较（selective comparison）的程序。当有人在事故中受伤，有些人得到损害赔偿金时。如果有人在同样的情况下受同样的伤，却没有得到损害赔偿金，91 这看起来就很不公平了。所以如果一位军队货车司机在事故中，由于过失伤害了两个人，一位是公共机构的成员，另一位是军队成员，如果前者可以得到损害赔偿金，而后者却不能（尽管原因是后者可以得到抚恤金来代替赔偿金），这看起来就不公平了。但是这个观点还需要一种最令人吃惊的选择性比较。在上述海湾战争案件中，我们的公平意识肯定深受我们所作出的比较的影响。我们可以说：由于上司的过失，这个人在事故中不幸受伤，听力受损；尽管是在战场上发生的，但是上司应该更小心一点；毕竟，如果这次事故发生在英格兰一家工厂里，而非战场上的话，原告就会有权获得损害赔偿金。如果我们继续这样比较下去的话，无可否认，结论会是剥夺原告获得损害赔偿金的权利是不公平的。但是我们可以进行另一个不同的比较，正如我上面所做的那样。我们可以说：这是一场战争，其他人要么死亡，要么受伤，要么被俘虏，但是他们中没有一个人有权获得损害赔偿金。那么到底为什么这个原告可以获得损害赔偿金呢？显然,像这样的案件,第二种比较要比第一种更中肯。

这种选择比较过程看起来像是大多数已发生的对法律的扩展的背后的驱动力之一。但是,按统计学上讲,这是一个非常古怪的过程。这个过程总是包括把一个特殊受害者的地位与另一个有权获得损害赔偿金的人相比。但是,面对得到赔偿金的那一个或两个人,或许就有 8 个或 9 个在事故中受伤的人没有得到任何损害赔偿金,或有可能有 90 个残疾人或由于其他原因残疾的人没有获得任何赔偿金。如果为了某一个特殊的案件来做比较,那么为什么我们就不能把这个案件与那些受害者根本得不到赔偿金的案件比较呢,特别是当大部分人得不到赔偿金时? 92

当面对一个特殊的案件时,如果我们把原告的位置与那些有权获得赔偿金的人进行比较——为受伤的原告的案件辩护的法律顾问,或那些推动法律改变以给予更多的受害人索赔的权利的人所采用的选择性比较的技巧——那就会(肯定会这么说)完全不存在逻辑上的停止点。显然,任何人遭受同样的残疾应该按同样的方式进行赔偿。但是如果在可能进行的改革中还有一件事是很清楚的话,那就是社会承担不了每个人的赔偿金,如果这些人所遭受的残疾达到侵权案件中所规定的裁定赔偿金程度的话。这只需要看一眼《王权诉讼法》对武装部队修正案的额外费用就足以说明。至于应该怎么解决这个问题是第八章要讨论的。这里我所关心的是通过"改革"《王权诉讼法》而展开的这种改变是错误的开始。

扩展是否走得太远?

或许有争论认为事情不会像我理解的那样,真的那么糟糕。毕竟,在上面我所提到的许多极端案件中,这些诉讼都被法院否决了。他们似乎试图保持这样。所以是否真的需要为这些案件担忧?回答是:是的,需要担忧。首先,像我后面会提到的,整个体系都建立在一个如此腐朽的基础上,以至于即使我们现在不考虑有时候会出现的更极端、更荒唐的索赔案件,我们也有足够的理由担忧。对法律的基本扩展已经出现,并且是如此的根深蒂固,以至于法官都很难将其消除。我们已经远离这样一个简单
93 的想法——道德上有过失之人应该对一位道德上的无辜之人遭受的伤害予以赔偿,以至于整个体系都被荒谬可笑和不切实际所渗透。

但是在上章和这章已经讨论过的一些进一步扩展的迹象却更是令人担忧——而且已经有人注意到有多少是最近才发生的。尽管有些最糟糕的索赔案被法院驳回,但是这些案件完全可以被提起,而且经常到达最高法院,而且有的在上诉后被驳回以前,就已经在低一级法院胜诉,这一事实很让人担忧。这类案件有许多都是根据法律援助制度提起的,所以公众就要为原告支付相关的高昂法律费用,并且在诉请中败诉时,也要经常(在公共机构是被告的情形,这些天常常都是这样)为被告支付费用。而且,许多在此讨论的案件,尽管最终是被驳回了,但仍表明法律在关键时刻——这些案件总是被上诉法院以三比二的表决推翻,或因上诉法院推翻同意索赔的低一级法官的裁决而被拒绝。律师们认为这些案件值得提起表明在这些诉请后面正在打开法律的局面,而且大家都知道其他的主要案件也是待决的——比如那些针对消防部门的案件。显而易见,许多律师都感觉如果他们继续长时间敲门,将会准许更多索赔案件,不管有些案件是多么得荒谬、极端和乱七八糟。

而且,正如我们已经注意到的,绝大多数有关损害赔偿金的索赔案件从来不被起诉到法院,而是在审讯前就被和解了。当案件以这种方式和解,索赔就会真正具有超付价值,并会导致达成可观的损害赔偿协议,尽管它们正处于法律责任的边界。律师会建议被告,以前从来没有此类案件胜诉过,但是法律意见的氛围和对扩大责任持续不断的压力会说服他
94 们,他们会认为如果继续,这个案件有胜诉的可能。

在这些损害赔偿金案件中,还有一个关于扩展法律的担忧。原告律

师通过胜诉案件所获得的领域是从不会(几乎不会)被放弃的;辩论失败了可以再来,直到获得一些成功。换言之,法律赔偿责任的边界总是被扩展。偶尔这里或那里的反复,就意味着在某种类型的案件中边界稳定了,而律师也把注意力转移到其他案件中去了,但是很少见有人放弃所获得的领地。在现代,在法律中只有一个主要区域发生过一次重要撤退——因为地方政府在检查建筑商所建的糟糕的房子时存在过失而向其施加责任的案件被推翻了。但是在其他地方,扩展法律的压力就很残酷。是时间叫停了,我们应该回头看看我们都做了些什么。 95

第四章
谁获得了损害赔偿?

我们现在需要问问作为审理和和解的结果,到底是谁聚集了已支付的损害赔偿金?在前几章我们一直在讨论,当受损害者有资格获得损害赔偿金时,法律提供的是什么。但是法律理论上有资格获得损害赔偿金并不意味着实际上你会得到这笔钱。对于实际上到底是谁获得损害赔偿金这个问题,还有一系列影响它的因素。这些因素中,最重要的一个就是存在比获得赔偿金恰当的(更好的)替代方式,我们需要从这里开始。

每个人都知道索要损害赔偿金很可能会很麻烦,很昂贵,并且是一个冗长的过程。任何人只要能通过其他方式对其损失或损害求得赔偿,就不会通过索赔赔偿金,除非他通过索赔能得到更大一笔钱。在诸多事情中,这就意味着只有非常少数几个案件是索赔财产损害的(比如,大火造成的损害)。由于大部分的有价值的财产已经是买过保险的,并且对财产损害的第一方保险而言,索赔相对而言是既省时又快捷,所以对财产损害索赔赔偿金几乎没有任何意义。并且,在这种情况下,通常通过索赔赔偿金也不会得到更多钱,因为通过索赔得到的钱跟大多数第一方保险付的钱一样多。

诚然,保险公司可以,并且有时候也会对他们在第一方财产保险中支付的数额提起"代位"索赔,所以事实是,财产所有者轻易地、很快地从他自己的保险公司获得赔偿,但这并不意味着所有可能的索赔都将结束(代位将在第131页详细解释)。但是总的来说,与存在的财产索赔相比,代位索赔很少。即使是保险公司也知道,从长远来看,他们能胜诉的代位索赔与败诉的将会平衡。与此存在有趣关联的是,已经给其第一方被保险人偿清损失的一个保险公司试图对火灾责任方进行代位索赔,结果却发现该人对该项责任还拥有一张第三人责任保单——按照此保单该保险公司也是承保人!由于他们不能起诉他们自己,所以很快就放弃了这种想法。所以不用奇怪,对财产损害的索赔在统计学上或在法律书上并不是很大的数字。而且从整体上看,它们在统计上几乎没有作用,所以就留下备用吧。

我们也应该把不是有关个人损害的其他索赔放置一边,因为几乎没有它们的统计信息。很显然,正如我们已经注意到的,这种索赔可能有不同的来源——消费者索赔、违约索赔、对糟糕建议的索赔,等等。我们也可以把最近在报道的一些非常古怪的索赔放在一边,其中有些古怪的索赔在前几章提到过,比如对不合格学校的糟糕教育索赔赔偿金的案件。这种索赔有好多理由让人担忧,但是和每天所接受的索赔案件及塞满法院、律师保险箱的案件相比,它们仅占非常小的比例。占压倒性比例的索赔保持了大约 50 年,也就是在公路交通事故和劳动事故中所获得的损害 97
赔偿。

即使受到此种损害,很多人也不会进行索赔,因为他们手头有更简单、更容易的赔偿方式。如我们所看到的,就人身伤害赔偿请求,存在三项基本的要素:(1) 收入损失;(2) 医疗和其他卫生保健费用;(3) 非金钱损失赔偿金,这是为疼痛痛苦和失去快乐的人。现在有一大部分相对微小的损害不会产生收入损失和医疗费用。他们不会带来收入损失的原因是,在现代社会,有很大一部分人不是挣钱人,而是家庭主妇、孩子、学生、退休人员或失业者。即使在这些挣钱人中,大部分雇佣者在短期生病期间或受伤期间会有薪水——基本上只有在公共服务部门工作的人才有权领取数月的病假工资,而许多受私人雇佣的人在短期没上班,所发的甚至就是一小部分薪水(如果不是全额工资)。当然,医疗费用是对那些受英国国家医疗服务系统照顾的大部分人,所以大部分受轻伤的人基本没有很大经济损失需要索赔。诚然,他们仍然有可能对非经济损失进行索赔,但是事实上在轻微损害案件中一般不会有。

对此原因有过一些研究——很可能归因为综合因素,主要是对非经济损失可以要求索赔的可能性一无所知,还有就是一般不愿意卷入法律的复杂之中去,特别是当经济损失的重大问题已经被处理时。有时候,人
98 们的确对他们受伤负有责任,或至少他们不能责怪其他人——只有当他们确实去见律师时才了解到一些法律,然后他们才开始对存在过错的某人要求索赔。

□ 对人身伤害的索赔

根据《1978年英国皇家委员会(皮尔逊委员会)报告书》的估计,在1973年(我们有如此严肃评估的最后一年),英联邦大概有25万个案件是关于人身伤害要求赔偿损害赔偿金的,其中大概有21.5万个案件是通过和解或审理后支付金钱来解决的。很少有案件通过起诉解决——只占它们的1%,尽管还是达到了2000个,这在我们的法律体系中的确已经算很多了,而且,这些案件还花费了公众很多的金钱——用于司法和支付工资。事实上,在那个时候,高院的大部分庭审都是人身伤害案件。而且,很多的索赔都是按照前几章描述的方式和解的。在这21.5万个案件中,大概90%的案件仅有两个来源——道路交通事故和劳动事故。其他各种来源的索赔——医疗伤害、其他交通工具事故、次品等等——占剩下的10%或12%。尽管索赔案件的整体数字已经上升了,但是却没有理由相信从1973年以来有很大改变。除了道路交通事故和工业事故(很可能是医疗索赔)以外,来自其他方面的索赔案件数量或许在比例上有小幅度增长,但是整体还不太可能被剩余百分比影响。

必须要强调的是,社会上所有的残疾人大概有10%是由于出生缺

陷，大概有另外 10% 是在事故中受伤害，剩下的 80% 是由于生病和自然本原的(of natural origin)状况引起。在所有的人中，只有非常少的一部分人能够获得损害赔偿金——在二十年前由皮尔逊委员会估计的数字是大 99
概有 1.5%，后来就没有如此严格的估计了。下面的数字可以阐释其状况。

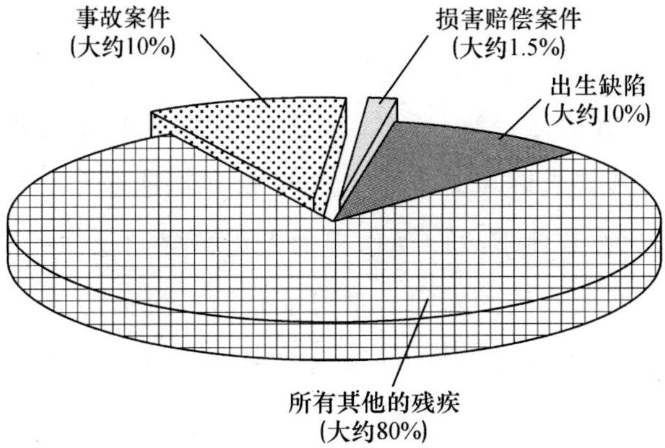

伤残案件和获得损害赔偿的比例

我们稍后将对极少数伤残人员获得赔偿金的事实进行评论(第 143 页以下)。在此我们先要处理另一个问题。为什么来自于道路交通事故和工业事故的索赔案件占如此高的比例？当然在事故伤害中有两个主要来源，但是事故统计数字显示有很多事故都是以其他方式发生的——比如说在家里，或以除了道路交通工具的其他交通形式——但是对此种事故的索赔相对非常少。所以，许多残疾人就会把自己的状况归因为他人的过错——工业事故、工业性失聪等——但是对这些进行索赔的也非常少。为什么是这样的呢？ 100

答案跟公正几乎没有任何关系，或跟不同可能团体的最应该获得赔偿的索赔人或需要财政援助的索赔人几乎没有任何关系。在法律体系的特点上还有很多需要做的。为了成功地获得损害赔偿金，需要跨越很多障碍。有些障碍我们已经看到——你总是要证明被告有过错，或被告对此有因果关系。但是在现实中仍然需要很多因素才能成功获得索赔。这些条件特别是:(1)索赔是可证明的,并且(2)起诉的那个人必须有能力支付赔偿金。在这两种导致大部分的特殊事故中,道路交通事故和工业事故,这两个现实的问题比许多其他案子容易跨越得多。

道路交通事故

关于道路交通事故,我们要多说几句。有许多来自道路交通事故的索赔,因为它是最好起诉和证明的。当然,这并不是因为在道路交通事故中受伤害的人比在其他事故中受伤害的人更值得赔偿——事实上,如我们所看到的,有很大比例的索赔人都可能是与有过失的。但事实是道路交通事故是公众事务,是得到良好规制和标准化的一系列治安和其他公共程序的主题。

根据法律,道路交通事故包含的伤害必须报告给警察,而实际上在许多严重案件中,警察总是一成不变地被叫到事故现场。训练过的警察观察细节,录口供并做出详细的记录,所有这些将会帮助事后想要索赔损害
101 赔偿金的原告。在任何严重的伤害案件中,受损害方几乎都会被带到医院专门负责救护事故、灾难伤者的部门。在那里他们会遇到同样受过训练的医生和其他医疗人员,他们会做详细的记录。所有这些都是能否成功获得赔偿金的最关键因素。这些记录提供了单独的证据来证明事故发生的方式和伤者受伤害的类型。

除了这些因素,法律尽量确保受伤很严重的当事人不会被那些本应支付损害赔偿金,但却没有能力支付的人所打败。对道路责任风险的保险是强制性的,并尽可能努力来强迫执行这个法律义务。驾驶一辆未承保的车辆会被认为是一件非常严重的罪行,而且你也不可能重续你的汽车驾驶证,除非你有第三方的保险证明书。而且为了要抓住少量的藐视法律的司机,有一个专门的机构,是迫于政府的压力由保险公司成立的汽

车保险局，由它来承担责任。如果任何人由于他的过错，造成公路上的事故，并且没有保此险，汽车保险局 MIB（经常这么称呼）就会接管处理此索赔的责任，好像它就是保险公司，或它把这项责任转移给另一个更直接的保险公司，比如，一家公司在没有汽车所有者同意的情况下，就已经给所有者所开的车投过保险。对于“肇事后逃逸”的司机，应该制定更多特殊条款，因为在此情况下，根本不能确定司机是谁，所以在不知道起诉谁的情况下，是不可能开始索赔的。你也不可能起诉他，因为你不可能在没有书写令状的情况下就起诉某人，而且如果你都不知道要起诉谁，你也不能这么做。所有这些困难已经通过特殊安排克服了，主要是汽车保险局接受这些索赔所带来的责任。汽车保险局从保险公司提取资金，而保险公司反过来就会从每个人必须购买的强制保险中获得收入。这么说的意思 102
是公众中奉公守法的人的确购买第三方责任保险，而的确是他们偿付那些不买保险者的索赔金。

大部分人认为这是非常值得称赞的安排——在其他国家也有相似的安排，并且在英联邦，这些安排是迫于政府压力的，政府试图确保在法律上有正当索赔要求的道路交通事故受害者在实际中不会不给予赔偿。但是尽管这些方案背后的动机是值得称赞的，但必须指出的是它的结果却是造就了一组享有高度特权的事故受害者。很多其他事故受害者没有得到赔偿，很多受害者，在理论上，有正当的法律权利去索赔，都没有得到赔偿。比如，一个小孩在一辆没有承保的车上，作为乘客受伤，原因是自己父亲开车存在过失，这个小孩可以起诉汽车保险局，而一个孩子在家里受伤，同样是因为其父亲存在过失，却不能起诉？每一位奉公守法的司机必须就向汽车保险局提起的索赔贡献其份额，但他却不能对任何人要求索赔，因为如果他不幸把车滑离公路，撞到了树上，从而伤到自己，他也没有权利向任何人要求索赔，即使这个事故并非由于他的过错，而是因为（比如说）没想到路面有光滑的坚冰，这难道不是很奇怪吗？

工业事故

“工业事故”这个术语是用来指广义上的包括所有跟工作相关的事故，尽管有些事故是发生在办公室或甚至是建筑工地上，而非发生在工厂的。像公路交通事故的受害者一样，在许多方面，工业事故的受害者也是特权群体。在此也存在着特殊的法律来保护受害者，并且确保他们只要
103 有理由，就可以索要损害赔偿金。首先，有特殊法律要求雇主采取各种预防措施来避免工业事故；另外还有特殊法律要求发生了此种事故，必须向健康与安全执行署做记录和报告；还有（与道路交通事故一样）特殊保险要求，所以雇主必须给他的员工买保险来避免责任（尽管在此没有针对劳动事故的汽车保险局）。

除了这些条款，这些在工业事故中受伤的人可以利用工会援助来进行任何他们想要的索赔。这是一个很少人知道，但却最有价值的一项服务，许多工会提供给他们成员的是，只要合理，就帮助他们索要赔偿金。有时候这种援助非常慷慨，它促成提出索赔，甚至进行诉讼，而无须担心落到工人身上的费用。实际上，在某些方面，工会所提供的援助比可用的法律援助还慷慨。有些工会在帮助它的成员面对新型索赔上是有专长的，比如警察联盟在许多关于创伤后压力的现代索赔案件中充当前锋。

结果是，大部分在工业事故中受伤的工人再次获得损害赔偿金，尽管这仍然是工业事故总量中的一小部分人取得的胜诉。

现在我们必须回到我们的观点，现实的证据很难找，因为尽管工业事故索赔相对很好证明，但是职业病却很难证明。尽管大家都认为许多严重疾病（包括各种类的癌症和肺病）跟各种工业有一定联系，但是要找到能够支撑索赔的事实证据，非常困难。首先，这些疾病总是有很长的潜伏
104 期——这种病或许在爆发前 20 年或 30 年都不会表现出症状。到有症状

的时候,记忆力已经消退,工作记录消失,工厂已经更换,经理也换了,而那些所需的能证明索赔的事实可能已不能用。然后法律上就会出现需要证明因果关系的困难。这一般会导致如下麻烦:比如,原告患有膀胱癌。经查明,每平均 10000 个人中,才会有一个人得膀胱癌。而原告所工作的工厂却是 1000 个劳动者中就发现有 3 个人患有膀胱癌。这是很有暗示性的,但却不能轻易证明原告身体状况受损害就是由于工作环境所引起的。所有这些因素都造成对职业病的索赔不像对工业事故的索赔那样普遍。

劳工补偿

曾经,与工作相关的事故赔偿(有些是非常常见的职业病)由专门的劳工补偿制度来提供。英联邦在 1897 年到 1948 年间有劳工补偿的特殊法律,它对“源自雇佣以及在雇佣过程中”的事故的受害人赋予一项索赔的权利。这个赔偿不像普通法上的损害赔偿那样慷慨,但它确实是以无过错为基础的,所以所有在此种事故中受伤的工人(或死亡者的家眷)都可以获得赔偿,而不是只有那些在能证明有过错的事故中受伤的人。

世界上大部分的国家到现在还有无过错的劳工补偿法,但是在英联邦,这种法律几乎消失。这是由一段相当奇怪的历史造成的,还需少言几
句。在 1948 年,工党推出了新型的、广泛覆盖的国民保险制度,后来又被 105
称为社会保障。作为新制度的一部分,原来的劳工补偿法就被社会保障制度取代,成为众所周知的工伤计划。这项计划可以完成是因为当时大家认为劳工补偿制度太有对抗性和太以法院为本,而且工会想把它从当时处理这些索赔的私人保险公司里除去,并把它调转给当时认为或许是“更容易上当的”国家。所以在工伤制度下还有一个国家社会保障救济金的特殊制度,它是以周工资为基础的,当然这些救济金仍然是以无过错为基础的。

但是渐渐的，过了这么多年，有许多特殊工伤福利已经被腐蚀。发生此事的部分原因是政府，特别是保守党政府，它们奋力削减整个社会保障账单；另外部分原因是这个法律看起来越来越可疑，如果有任何真正的原因对这些在工作中受伤的人提供比在其他事故中受伤的人更多的福利，或实际上提供比对那些由于其他整合原因而不能工作的人更多的福利。在社会保障的世界中，律师对事故是何种原因造成的区分看起来大多是不相关的。这些区分对于救济金的请求人，或对设计和管理社会保障体系的人没有意义——对他们而言重要的是无能力的程度，而不是如何造成的。

所以对可支付给在工作中受伤的人的救济金和其他无能力干活者的
救济金的区分已经慢慢缩小了，尽管事实是任何人，由于长期受到严重工
伤（或某些职业病）的影响，有权获得终生救济金，这是其他事故或疾病
106 受害者所不能享有的。结果是现在的工会有可能后悔劳工补偿法还不如
不被政府取代。只要是工会还有对工业和私人承保者的责任，政府就会
持续增加可支付的福利津贴标准，而让工业部门偿付账单。

同时，由于劳工补偿法这样的观念慢慢消失了，受伤的工人起诉他们
的雇主，索要赔偿金的案子大量增加了，这主要是得到 1948 年法律变化
的帮助，法律的改变使得一个工人可以由于其他工人（见第 75 页）的过
失而对雇主索要赔偿金。所有这些都是最倒退的发展——过错的概念很
好，但是倒退了，彩票很活跃，更多的受伤工人获得巨额损害赔偿金，但是
107 大部分的人却仅仅获得社会保障福利金。

第五章
由谁支付?

❐ 有责方并不支付

现在我们需要更详细地对我们已经不时涉及的问题的细节研究一下——是由谁来支付这些损害赔偿金的？我们再一次聚焦在人身伤害索赔上。第一点，已经很清楚的并且在此重申不需要道歉的一点就是在严重案件中，不法行为人从来不支付损害赔偿金。事实上，只有在一种案件中不法行为人——过失方——一般会支付赔偿金，就是在非常小的道路交通事故中，一辆车轻微受到损害，但没有造成人员伤害。在这些案件中，理智的坐车者经常会承认自己的过错，并且自掏腰包，避免向保险公司索赔，而失去无事故索赔的奖励。

但是在更严重的案件中，几乎是在所有的损害索赔中，过失方是不支付的。实际上，为原告代理的律师向他们索赔，一般没有困扰。律师们仅仅是设法得到被告的保险公司的名字，然后直接把其请求寄给保险公司，从此以后，整个程序就是按保险公司是被告的一方，原告的律师是原告的一方来处理。保险公司将要决定是否承认过错，是否和解，支付多少，如果案件进入审讯该如何辩护，委托给什么样的律师，如果败诉是否要上诉等等，所有这些都不需要麻烦地去咨询名义被告——过失方，或我们应该严格地讲，被诉称有过失的当事人。已故的哈里·斯特里特教授，是一位在侵权法方面的权威专家，经常详述在一次很小的道路交通事故所引起的伤害中他是如何被起诉的。在初级法院，索赔被否决，然后哈里·斯特里特教授就忘记了此事，直到后来好几个月后读到《泰晤士报》，他才知道原告已经上诉，并且上诉法院同意上诉，而且判给赔偿金，所有这些都是在他不知情的情况下进行的！显而易见，这个案件从头到尾都是由教授承保的保险公司处理的。

保险公司甚至会选择违背保户想要辩护的意愿而采取和解。在近期的案件中，比如说受欺负的男学生，保险公司选择违背学校当局的意愿，支付一大笔钱来和解。学校教师认为应该对此诉讼进行辩护，并且（根据媒体报道）教师们愿意提供证据证明他们已将恃强凌弱难题置于控制之下，提供证据证明所提到的男孩从来没有投诉过受欺负，并且教师们也没有看到有任何可见的在其处所存在严重欺凌的迹象——换句话说，他们并没有过失。但是第三方责任保险单总是给保险公司独家权利去决定索赔是应该辩护还是和解，因为是保险公司偿付账单。所以如果对这个索赔进行辩护并且败诉，保险公司不仅要承担诉讼费用，还要承担损害赔偿金。他们做了个商业判断，认为和解比辩护要更好些。

所以说损害赔偿金很少由被律师称之为“不法行为人”的人来支付。即使是在那些裁定给予意图惩罚的损害赔偿金的情形——像在有些起诉警察非法拘留或类似行为的案件中——警察他们是不用支付损害赔偿金的。实际上在这种情况下，他们甚至很少被内部程序惩罚。

109 有些人或许会认为，在裁决由公司负担损害赔偿金的情形，公司本身肯定存在严重过失，因此让公司为其过失负责是公平的。这是非常普遍的观点，而且我们都倾向于认为公司（实际上还有其他机构，像政府部门或地方政府）是实体。我们说“他们做了这个”，“因此他们应该支付”。甚至在公司仅仅对其雇员的过失承担替代责任，而且本身并未过失为任何行为的案件中，法官也这么说。这是普遍观点和法律观点似乎都建立在错误概念之上的领域之一。公司或政府部门或其他公共部门仅是抽象物。只有犯有过失行为的真正个人才不是抽象物。一般而言，公司责任完全不涉及对公司自身的归咎——它仅仅是对其雇员的过失承担法律责任。比如，即使一个公司从某种角度上被认为真的存在过失，也就是公司允许一种过失文化成长，使得整个公司普遍认为公众利益不重要，利益才是公司的重点这种观点，这种文化应该由专门的人负责。当律师说公司本身存在过失，其实他们的意思是公司高级管理层才是应负责任的，但是这并不能改变事实，真正的过失方并不会为其过错买单。有谁听说过总经理或董事长为其过失后果买单的？如果在公司里有人要为过失行为受惩罚，那肯定不会是总经理或董事长。

自相矛盾的是，在特殊的情况下，的确有一组人为自己的过失行为买单，这些人是事故受害者本人。从一种特殊的方式考虑，因为事故受害者存在他需要承担的与有过失，所以要求索赔的事故受害者所得到的损害
赔偿金就会按比例减少。人们不会给自己的与有过失所产生的后果投 110
保，所以人们要自己“支付”。如果你在事故中受伤，而你自己也有25%的过错，你总的损失是10000英镑，你会从被告所投的承保人那得到7500英镑的损害赔偿金；而你会损失2500英镑，因为这笔钱没有任何承保人会替你支付。你要自己“支付”，至少在你遭受这种损失并且不能从中获得损害赔偿金的意义上。

有可能有些人觉得这很不公平；实际上任何对现存体系深信不疑的人都会觉得不公平，因为看起来不同寻常的是真正的为其过失买单的人是事故受害者。但是，正如我们后面将要看到的，获得一些赔偿的事故受害者实际上受到法律如此的慷慨对待，以至于很难在必须为自己的与有过失买单的人面前流太多眼泪。

由公众支付

如果真正的侵权人不支付损害赔偿金,那谁来支付呢?这个答案已经给出,从广义上讲,是由所有的公众来支付。这并不意味着我们不应该关心这些负担是如何分配的。其实这很像课税。凭着最后的手段,所有税都是由公众支付的,但是课税负担肯定不会平均分配给每个人。有的人缴纳得多,有的人少,而承受负担的方式关系到广大公众的利益因而引起公众讨论。再次声明,乍一看,我们以为支付损害赔偿金的重担落到某一组人身上,但最后的分析却是这个重担或许落到另外一组人身上。让我们仔细看一下细节。

首先,非常清楚的是一大部分的损害赔偿金是企业先要支付的。所
111 有大型企业给这种责任投保,事实上,是法律强行让企业买责任险,来支付对其自己员工的损害赔偿金。所以从某种意义上说,损害赔偿金实际上是由保险公司支付的,而不是企业自己。当然,保险公司也需要收取保险费,而企业关注的却是谁投了此种风险保险,就由谁支付保险费。他们从哪里有钱支付保险费呢?答案是这笔钱只不过是企业的普通费用,就像提前交付的租金或取暖费一样。企业会向我们——他的客户——收取足够弥补其日常费用的钱,所以我们在市场上买的所有商品和服务,其中的一小部分钱实际上是用来为这种保险提供资金,而且最终用于支付保险公司应付的损害赔偿金。如果企业不能把所有的费用都以有竞争力的理由转嫁给其顾客,那么股东(而不是顾客,或者是顾客)将会支付。所以损害赔偿保险费有一点像向企业征收的增值税,最后转嫁给公众。

有关私人驾驶者,还有一个更简单、更直接的支付途径。大家都知道,一位普通的驾驶员,按照法律必须对第三人的风险投保——他必须要买保险来避免在路上开车过程中偿付损害赔偿金的风险。所以再次声

明,钱是通过保险公司来支付的,但实际上却是作为一项费用对驾驶者征收的。由于是强制的,所以更像税收(全面汽车保险单的第一方构成是不同的——那是自愿的,而非强制的,详见第 121 页)。

在其他案件中,钱的流向路线更简单,但是最终结果还是一样的。比如,只要是政府(或政府部门)对支付损害赔偿金负有责任,那就没有保险,因为中央政府从不上保险,但钱却是从税收中除去的。所以在此,更 112
清楚的一点是损害赔偿金就像是任何政府的开支一样,是由税收承担的。如果政府想要支付社会保障福利,它就不得不通过提高税收,而如果政府想要支付损害赔偿金,它也会这样做的。

□ 认识到由公众支付损害赔偿的后果

损害赔偿金最终由公众来支付的事实是有很多重要原因的。首先,这意味着如果我们想要对它做什么,对事故受害者的同情从附有价格的标签开始。同情本身是很便宜的;但是如果我们想把同情转变成更多的赔偿或更高的损害赔偿金,那么我们,也就是公众就不得不支付得更多。或许有些人愿意这么做;其他人,看到一个相当小的伤害,却裁决给受害者那么一大笔损害赔偿金,或在可疑的情况下,就不太确定是否愿意这么做了。大概二十年以前,当大家不断地要求国家提高社会保障体系和其他福利时,公众们逐步认识到这些改善是由高额税收支付的,从此后公众对这些高额花费的要求就销声匿迹了。在索要损害赔偿金方面,并没有出现同样的变化。公众对这些事情的理解仍然是不管怎样,损害赔偿金都是由不法行为人、过失和可责方支付的,而这种理解使得大家索要更多、更高的损害赔偿金。现在是公众应该知道是他们自己来支付这些损害赔偿金的时候了。

同样的,政府部门和其他公共机构的损害赔偿金也是由公众支付的。

113 律师们和公众同样面临一个由政府官员犯有的过失行为，比如说是内政部一个官员，就可能说：“内政部有过失，内政部会高兴地为其过失支付损害赔偿金。”不幸的是，法律并非如此运作。内政部仅仅是一个抽象物，或者如果你愿意可以把它当做伦敦中心的一栋大楼。不管是抽象物还是大楼都没有能力支付损害赔偿金。如果我们真正了解到这样的案件到底是怎么回事，我们肯定会说：“内政部的官员存在过失，所以公共纳税人应该高兴地支付损害赔偿金。”这听起来是一笔不太符合逻辑又不太站得住脚的交易。所以，如果真正的雇主是一组股东的话，就像上市公司一样，就会要求公司支付，这就意味着实际是顾客或生意上的股东来支付损害赔偿金。

了解到这些真相并不会让公众有很大改变。很多人会毫不犹豫地赞同让有控股权的雇主和公共机构对他们雇员的罪行承担责任，哪怕支付损害赔偿金的一方并非过错方。在有关公共机构和公司的案件中，很多人或许会感觉到由公众支付的额外一部分损害赔偿金数额非常小，不值得担心。而对于公司的股东，大部分人可能猜测所有的股东都非常富有，所以不太可能有人因为同情而反对股东为其公司雇员的过失承担责任。同样的，需要谨记于心的是公共公司现在一半股票的收益是抚恤金基金和付给保险公司的，而这当中的很多受益人实际上是寡妇和支付过人寿保险者的家眷。所以，如果在受伤的事故受害者和公司之间展开一场同情战的话，我们不应该直觉地、自然地站在事故受害者一边。

同样的，必须承认的是大部分人会认为应该是由公司和公共机构对
114 其雇员的罪行负责。尽管如此，钱实际上是从公众那里得来的这一事实基于两个其他的理由而至关重要：一是这使得整个过错原则看起来毫无意义。如果你在一个由过错造成的事故中受到损害，为什么只有你有权获得赔偿，特别是当钱是从公众那里得来的时候？没有人会建立起一个社会保障或社会福利计划来赔偿那些由于别人的过错而受伤的人。一旦明白是由公众来支付整个制度的，这个制度的基本结构——过错原

则——就变成荒唐的了。记住,确定有过错的人的身份本身就和实际目的不相关,而且在一些案件中,根本不知道过错方。对抗就变成了想要获得损害赔偿金的事故受害者和支付损害赔偿金的公众之间的了。那么受伤是否是由于第三方的过失造成的还有什么关系呢?

但是,一旦我们明白损害赔偿制度和税收或福利制度是如何相像后,就会知道过错原则并非是唯一一个变得荒唐的原则。变得荒唐的还有对那些有权获得损害赔偿金的人支付那么多的钱,却不对同样遭受不幸的人(或更惨的人)支付赔偿金。对此极端慷慨行为的辩护在于估计的赔偿金——对所有损失的全额支付,过去的和将来的,没有扣除,没有限制,经常复制其他的赔偿金单据,非经济损失赔偿金,还有其他的——一些过失方(如我们所看到的,律师们称他们为"侵权人")对他们造成的损害遭受责备,他们应该为他们的过失全额支付赔偿金。但是一旦我们知道并不是他们在支付,而是公众在支付,那么这个程度的支付就变得,恕我直言,很过激了。在这一点上举一个例子,为什么公众要为由真正的富人——比如流行歌手或网球明星(详见第 9 页)——所遭受的巨额收入损失买单呢?

一旦我们明白是公众支付的损害赔偿金后,还有第三点是非常重要 115
的。那就是公众肯定对钱是如何支付出去的,还需要募集多少需要一个说法。没有人喜欢税收,但是至少税收是由议会机构征收的,而公众的确有机会几年对议会成员进行一次投票,希望被选上的议员能够告诉公众一些关于税收的意图。但是损害赔偿金却是法官权威征收的,他们根本不受制于任何议会的控制或财政审查,并且法官和任何其他人都不知道征收税收的总数额,不管是上升了还是征收多少都不知道。当然了,公众也不知道。法官们制定基准点,然后律师们和保险公司管理这个体系,根据这些基准点来和解大部分的索赔。

关于这个制度,几乎没有已知的公开辩论。我们是否真的愿意向由于过错而遭受伤害的受害者(而且仅仅是其中的少数)支付高额损害赔偿金，而对其他人熟视无睹呢？损害赔偿金应该增加吗？或者它们已经太高了？在这些问题上，即使是政府也没有为了公众的利益而辩护或代表公众的利益。政府是公众财政强有力的警卫犬，它抑制财政支出的增长，因为政府知道这意味着高额的税收，政府看起来对由高额保险金筹集高额损害赔偿金的提案漠不关心。具有同样效果的法律改革提案也没有得到政府（也没有得到法律委员会的）合理的审查，而在议会上却总是被认为是对个人账单的合理措施。但公众却总是被强迫为这个体系买单，就像是支付社会保障体系的花费一样。保险金支付者和纳税人需要有人
116 来捍卫他们的利益。

❐ 保险公司

如我们所见，法院裁决的或同意和解的大部分损害赔偿金都是由保险公司支付的。那么理所当然的，也是由保险公司对那些为自己投保诸多普通生命险的人支付赔偿。现在有必要来全面解释一下保险公司在损害赔偿金体系中占有的中心角色。

第一件需要了解的事情是，在损害赔偿金制度中有两种很不一样的保险但它们却被认为是一个整体。一方是第三方责任保险——保险公司就把它称为责任保险——另一方没有特殊的名字，但是为了与第三方保险区分，可以把它称为第一方保险。

我们先从第一方保险开始。在此种保险中，一个人给自己上各种风险保险。他可以买大家都熟悉的人寿保险，尽管这种保险跟其他形式的保险不一样，因为死亡是必然的，不是风险。但是，特殊方式的死亡（比如坠机）或死于特定日期之前，或早逝，这些都是大家想要投保的，并且根据人寿政策，也是可以投保的。那么就会出现各种第一方事故保险政策。当你为你的车买了全面险后，那么覆盖你这辆车损害的保险就是第一方

保险。这是你的车，是你交的保险费，所以如果你的车有损坏，你可以从保险公司索赔汽车修理费用。没有比这更简单和直接的了。房主保单大部分也是第一方保单——你给你的房子保了火险，或失窃险。同样的，是你交的保险费，所以如果发生风险，你获得保单上的收益。

在财产方面，第一方事故保险实际上是非常普通的。比如，几乎所有 117
的建筑物都有防火险。有这种保险不仅是明智谨慎的，而且如果是按揭买房，房屋建筑会或其他借款人会坚持房子要有保险。大部分其他的贵重财产都会有损害保险、失窃险、火险或其他事故险。诚然，并非所有的破旧货都有全面保险的，而大多数有价值的财产——珠宝、金银物品、贵重的绘画作品或艺术品等——都有保险。

在人身伤害案件中，第一方保险不太常见。因为人最宝贵的财产就是人有自我挣钱的能力，所以没有人身伤害险就会让人觉得很奇怪。你也不必对此有所责备，因为此种保险的确不同寻常，大部分的人不会去买，保险公司直到最近才尝试卖这种保险，而这种保险非常昂贵。而且，很多人或许（错误地）相信汽车保险应该包括道路交通事故中对人身伤害的风险。直到最近，不知什么原因，大部分的人认为万一有大病或灾难性伤害，福利社会会照顾他们，所以大家都认为他们没有责任担心这些风险。此外，只要是好公司退休金计划或公众服务计划中的一员（这个计划覆盖上百万公务员、教师、警察和地方政府员工、国民医疗员工等），就会制定一些措施来覆盖长期的严重疾病。许多在此计划中的成员一般有权
获得 6 个月或更长时间的病假工资，而对于永久性伤害，他们就可以带着 118
增加的退休金退休。在效果上，这和第一方保险很像，虽然在技术上它不等同于保险。

有些人的确有各种人身意外伤害保险（严格意义上的称呼），尽管这些保险在很多方面受到限制。最为人知的是个人医疗保险政策：如果你是“BUPA”（保柏：英国有远见者联合会，一个死人健康保险机构）的成员，你的确给自己保了医院费用险或特定药品险。这当然和给自己的收

入投保不是一样的。这种人身意外保单——你的确给你的收入投保,或部分收入投保——一般被认为是永久健康保险,这种保险经常把由自己经营的职业排除在外,像律师、医生、建筑师和会计。这种收入保护险要缴纳高额的保险费用。

第一方保险

在第一方保险中,我们可以确定有七个核心特征可以跟第三方保险相区分:第一,有一点非常明显,在第一人保险中,缴纳保险费的人就是在风险发生后接受保单收益的人。这的确是至关重要的一点,因为这是在经济体系中最有效地确保市场的一个方法。当大家为了自己的利益来购买东西的时候,他们会问这些利益值不值得这个费用,他们是否可以四处选购获得最好的交易等等。当有人给你买了东西,你永远都不能确定结果是否让你非常满意。

第二,在第一方保险中,根据你所投保的东西价值,保险费用不同。很显然,如果你在肯辛顿有一套楼顶套房,那它在火险中的价值肯定比你
119 在曼彻斯特的中等两户相连的房舍的价值高很多。如果你的车是劳斯莱斯,你的保险费肯定大大高于你开一辆中等福特的保险费。如果你想给你一年 10 万英镑的收入投保,那费用肯定大大高于给一年 2 万英镑的收入投保等等。没有人会质疑它的公正性;这是理所当然的。

关于第一方保险很明显的第三点是——一般而言,这种保险在不管造成损失或伤害的过错方是谁的情况下支付;实际上,这种保险的一个重要原则就是保护被保险者免于其由于自己的过失所承担的后果。所有全面汽车保险政策专为此设计——我们很可能不买这种保险,如果我们不能对事故中所发生的损害进行索赔,因为我们自己有过错,那我们就不太可能购买这种保险。同样的,人寿保险和健康保险政策不能拒绝支付,如果保户没有对自己的健康采取合理照顾——比如吃得过多或没有锻炼身

体。有些第一方保险的确包括此类条款,条款授权保险人在被保险人存在过错的极端情形,保险公司可以拒绝支付,其他的保险单则可能包括了对被认为处于被保险人控制之下的额外风险的条款(或要求增加保险费);比如人寿保险对吸烟者可能要求更高的保险费,或可能拒绝向任何死于酒精过量的人支付赔偿金。近些日子,房主保险单要求房主采取合理的预防措施来防止盗窃,或坚持让房主安装防盗报警器;假期保险单要求被保险人对自己的财产进行合理照顾等。但是这些通常是特殊的限制性条款。总的来说,第一方保险是"无过错"保险是真的。

第一方保险的第四点是非常熟悉的。它很少覆盖可能有的全部损失。当我们支付保险单的费用时,我们总是期望它能包含我们部分的风
险。汽车保险单有超额损失保险,但是因未申报而扣除的保险赔偿使得 120
即使对超过超额损失保险的微小损失进行索赔不值得。假期保险经常包含不缴纳第一次的 100 英镑或诸如此类的条款。永久健康保险几乎总是在经过一段特定的时间后支付津贴,通常是 3 到 6 个月不能工作,然后就是保证一部分的收入损失。这么做的原因是保险如果覆盖每一便士的损失,那就太昂贵了;同时也愚蠢之极,因为对此种小数目的赔偿却要花费一大笔钱来执行索赔,而且在相当富足的国家里,许多人可以自己承受小额的损失。

第五点,第一方保险在范围上很难像损害赔偿那样获得广泛的救济金。比如,第一方保险几乎从来没有包含过对痛苦与创伤的索赔和对愉快损失的赔偿,尽管像假期保险之类的有限事故保单对特定的几种损害——假如你断了一条胳膊或一条腿,或失明等——支付特定数额的赔偿。当然,财产保险总是赔偿能购买替代物品的费用,甚至不包含把旧财产用新的替代的费用——尽管有些保单的确提供一种上限。人身意外伤害保单、健康保单等总是有针对性地给真正有经济损失的、有医药费用的或收入损失的人保险。

第六点,第一方保险是选择性的。不管你是否买它或是买多少都是

由你个人决定的。它在法律上从来不是强制的,尽管对于房屋所有人的保险来讲,抵押的实际效果就是使得保险变为强制性的,只要存在抵押。

第七点,在第一方保险中,保险公司有义务支付的最大金额要么提前定好,要么在合理的范围内规定有限额度。给一所房子保险火灾险的承
121 保方大概地知道房子的价值;寿险经常是一个固定的数目,尽管现今能分红的保单需要支付的金额按照此政策是在保险公司控制范围以内的。财产保险总是强调财产的价值,或至少要强调是什么财产,这样其财产才会在规定范围内得到评估。

第三方保险

在所有上述方面,第三方保险都完全不同于第一方保险。请允许我们首先弄清楚到底什么是第三方保险,所指的神秘的第三方是谁。第三方保险单就是保险公司同意赔偿你,也就是被保险人的保险单,如果你被起诉或被认为对第三方的伤害或损害负有法律上的责任的话。你是第一方,保险公司是第二方,而你所伤害的那个人,也就是向你索要损害赔偿金的那个人是第三方。从外表上判断,这和普通的第一方保险很相似。你支付保险费来保护自己免受风险——也就是被起诉的风险。但是在现实中,这种保险与第一方保险在所有上述的七个方面存在很大差别。

许多重要种类的保险单都包含有第三方因素和第一方因素。比如一个综合的汽车保险单既是第一方保险(到目前为止对你的车的受损或被盗保险),又是第三方保险(到目前为止对支付给第三方的损害赔偿金的潜在责任保险)。但是,不被大家喜欢的是第一方保险仅对你的车保险,而不对你本人保险。即使是第三方保险也不对你本人的损害保险,因为你不是第三方——你不能用你自己的保单去起诉自己。你的第三方保险对世界上的除你以外的所有人保险。但是,整个体系中一个古怪之地就
122 是尽管你的保单不能给你投保,但是如果由于别人的过错而伤害你,你就

在那个人的保单中享有保险了。正如你的保单保险除了你以外的每个人，所以其他每个人的保单也保险除了保单持有人之外的每个人（包括你）。

现在我们可以来看一下第三方保险和第一方保险之间的差异了。第一，在第三方保险中，现实中实际得到保单利益的是第三方，而非被保险人。被保险人仅仅在名义上是保单的受益人。在大部分案件中，如果裁决的损害赔偿金不是由保险公司支付的话，被保险人也不会支付，所以实际上保险单对于被保险人本人没有多大利益。在现实中，钱总是直接由保险公司支付给第三方（或他的律师），而无须经过被保险人的手。这尤其意味着在第三方保险中，被保险人并不能选择他想要投保的利益种类——他仅仅是买了保单并为此进行了支付，如果他遇到索赔，那就是由法律决定应该支付给第三方多少钱。

第二，在第三方保险中，保险费用并不随着保险标的的价值变动，事实上是它不能这么做，因为被保的东西是一个潜在的法律责任，不可能提前知道这种责任是什么。现今这有很重要的结果。正如我们先前所看到的，劳斯莱斯汽车的所有人要比一辆破旧货车的所有人支付更多钱来投保，这是最自然不过的了；但是我们现今可以看到这仅仅适用于保险单中的第一方元素。至于在第三方元素中却没有特别的理由对劳斯莱斯汽车所有人收取更多费用。甚至更为重要的是，这也适用于收入损失的人。如果你有第一方永久健康保险单对你的收入损失保险，你投保得越多，你的保险费就越高——显而易见且公平合理。但是收入损失不包括第一方 123
元素的道路交通保险单，这只有在第三方元素中才会包括。这就意味着不是驾驶者来支付根据他们受损失的收入而变化的保险费用。这在汽车保险费用产生出来后，在途中产生非常巨大的后果。一位收入非常高之人在道路交通事故中严重受伤，那他可能会因为其收入损失获得一大笔损害赔偿金，而如果这个人在事故中死亡，那么他的家眷也会得到一笔相当可观的赔偿数目。而挣钱少的人所获得的赔偿金也很少，一位囚犯（或失业人员)没有任何收入,就不会得到任何收入损失赔偿金——而他所缴纳的汽车保险单第三方元素中并不反映这些。在这个保险要素中,他所支付的保险费用与高收入者所支付的是一样的。在这一点上没有公平可言。

第三,不像第一方保险,第三方保险几乎完全是以过错为根据的。这是由它的本质所决定的。要根据第三方保险进行索赔,你必须对被保险人索要损害赔偿金,但是你一般不能索要赔偿,除非他存在过错。尽管现今的过错制度已经扩展到极限,但是不能否认的就是在许多案件中受害者不能得到赔偿金,原因是受害人必须在法律可以明白的范围内证明伤害的发生就是某人的过错。由于大部分的道路事故伤害都是在车辆碰撞时发生的,而车辆碰撞通常是双方都有过错,这就意味着发生在道路上的一半人身伤害损失不会被保险包括。出乎意料的结果就是,当大多数道路上的机动车损害被第一方保险所包括的时候,大部分的人身伤害损失却完全没有被保险覆盖。

谈到其他事故,处境就更糟。实际上,要证明道路事故中的过错比证
124 明大部分其他事故要简单得多;而除了需要证明过错,需要证明因果的事故在许多案件中变得异常困难,比如原告患上严重的职业病,而原告陈述说是雇主的过错。根据原则,这件事的结果就是第三方责任保险所保险的风险要远远少于第一方保险。如果你给你的房子投了火灾险,你不会期待仅在房子是因其他人的过错而着火时才会得到赔偿金——这可能是一个完全不充分的保险形式。综合汽车险和寿险亦同。在所有这些案件中,在原则上第一方保险的承保范围更全面些,而且不需要证明过错。而大部分的人身伤害案件却需要有过错证据。

证明过错不仅大大削减了保险范围和保险效用,并且大大增加了费用。在大部分第一方保险索赔中,几乎不需要律师。你根本无须律师对寿险保单进行索赔——这根本无须律师证明保人已经死亡。通常你也不需要律师对汽车全面险进行索赔,或对其他第一方保险进行索赔。但是

要进行第三方索赔,没有律师的援助几乎是不可能的(不管怎么做都是不明智的)。如我们所知,律师是不可能廉价聘来的。所有的职业服务都很昂贵,而律师服务可能更贵。第三方保险在法律上和其他行政费用上吞噬了很多钱。1978 年英国皇室委员会评估那时大概一年在侵权索赔中要支付约两亿的损害赔偿金,而大多数的赔偿都是按照第三方保单进行的。而偿还的成本不少于一亿七千五百万英镑。换言之,支付在保险费中的包括第三方索赔的每一磅中大概有 53.3 便士用来支付损害赔偿金,
而大概的 46.7 便士则用来支付律师费和其他花费了。这笔巨大的花费 125
完全是建立在现行体系上的,而不能仅仅归因于律师们的贪婪。如果你需要证明过错,你肯定需要有人来解释你索赔的是何种损害赔偿,那么你就需要有一名律师。而如果你需要一名律师,肯定要有人来支付律师费。而且,如果你需要一名律师,那么对方肯定也需要一名律师。实际上,在许多严重案件中,一大笔额外的费用来自于顾问的医疗费,和其他专家证人需要评估受伤程度及可能会带来的长期后果的费用。而这些顾问的费用需要支付,所以单纯指责律师在此的贪婪是很肤浅的。是整个体系腐朽错误,而不是律师,他们只是在现存制度上尽力为他们的客户服务。

第一方保险和第三方保险的第四个区别就在于第一方保险很少覆保每一便士的损失。每个人都熟悉各种保险单中的超额和扣除。对这些超额和扣除存在很好的原因,设计它们的目的就是把小的索赔的数量减到最低。微额索赔对管理者来讲是不成比例的昂贵,原因很显然,任何保险公司必须要确认保险单条款的索赔,不管索赔金额是 10 英镑,或是 100 英镑还是 500 英镑。如果在索赔人和公司之间有任何后续信件,那么不管是一个非常小量数目的索赔或是一大笔数目,花费的时间和金钱都是一样的。所以有超额和扣除是很有意义的。拥有它们是为了作为保险公司客户的顾客的长期利益,否则他们肯定要为他们的保单支付更多。事实上有些种类的保险,像汽车保险,就提供了削减超额的方法作为任选的

付费项目,如投保来保护你的无索赔优待(no-claims bomis)——当然,如
126 果客户宁愿支付相关的额外费用也无可厚非,实际上有一些人就是这么做的,但更多人还是宁愿承担微小的超额和扣除的风险,而不愿意为这种保护支付额外的保险费。

第三方索赔没有这种扣除或超额,因为他们起因于法律上的索赔,在这个索赔中原告具有法律权利。如果你把你的车弄得小有划伤,或许你决定不值得费力再去修理它,即使你有综合险(特别是当车已经用了几年),因为会出现超额并可能会损失无索赔优待;但是如果你可以对另外有责任的人要求索赔,也就是对其保险公司索赔,你就有权利让他们支付你重新喷漆的费用。当然,只要我们在现存制度下生活,你就有权这么做,没有人会对你主张自己的权利加以指责。但是从长期来看,一个不同的体制可能节省我们花费的所有的钱。大部分的人可能会更喜欢我们支付的少一点的保险制度(如果我们愿意),并且忍受我们的车上有一些细微的划痕。或许对于伤害,我们也愿意这么做。目前,最轻微的伤害都赋予你权利去索赔——公车司机在你刚上车就启动,你跌倒了,膝盖轻擦了一下,或许撕破了你的紧身衣。给公交公司写封投诉信,你会发现他们(或他们的保险公司)为了避免更大的索赔而支付给你一点赔偿金。或者因被一块铺路石绊倒而给市政委员会写投诉信;结果会是一样的,尽管这些伤害都是很微不足道的。当然,从长期来看,我们所有的人都不得不支付这笔费用。我们是否真的需要一个让大家有权对这样微小的伤害进行索赔的制度呢?难道不可避免的结果不是鼓励大家毫无根据地去进行索赔,去夸大它们,使它们膨胀,并且希望从这个体制中压榨一百英镑吗?

127 第一方和第三方索赔的第五个区别差不多。第三方索赔承保更广泛类型的伤害和“损失”,如果这个术语合适的话。对痛苦与创伤以及愉悦丧失的损害赔偿是额外索赔类型中的主要例子,这种索赔可以在第三方保险中提出,但却不能根据第一方保险提出。再次声明,是我们公众支付的所有这些索赔,因此抬高了我们的保险费的支出,我们所支付的一些税

收，还有我们所购买的许多商品和服务的成本。

一般说来，第一方保险和第三方责任保险的第六个区别就是第一方保险是可选择性的，而大部分的第三方责任保险是强制性的。诚然，作为一件现实事件，即使是关于第一方保险——正如我们所看到的，你也没有很多的选择，如果你有抵押，你就必须给你的房子上保险，如果你买的是包办旅游，基本上你必须要买第一方保险，你的雇主可能会强制你去加入公司的养老金计划，这项计划包括寿险和其他保险类型的救济金。但是在这种情况下仍然有一定的选择（比如你想要的保险数额），还存在其他真正可任选的其他种类的第一方保险。综合汽车险是完全任选的，永久健康保险都是可选择性的，房主对房间物品的保险也是可选择的，寿险一般说来也是可选择的，诸如此类。

但是，第三方保险通常是强制性的。它主要在两个不同的方面具有强制性。第一，它在我们最熟悉的方面具有强制性，如果我们有一辆车——购买保险防范第三人的风险在法律上是必需的。但是第三方保险也在不同意义上是强制性的。第三方保险的强制性指的是，你不能选择
是决定参加还是选择避开有关损害赔偿诉请的既存法律。也就是说，你 128
不能说：如果有人伤害我，我会开心地放弃起诉他赔偿的权利。相应的，如果我伤害了他们，我也就不会遭到起诉而对它们负有责任。这起初听起来是个很奇怪的想法，但是如果我们有选择，许多人实际上或许会更喜欢“选择退出”法律责任法，然后出于保护自己会买第一方保险，至少我们感觉我们需要它。

我们之中的一些人或许觉得这是个很诱惑人的想法。起初，我们可以通过这么做来大量削减保险单。然后我们就可以集中精力来保护我们真正想要保护的，而不必担忧对轻微伤害、痛苦与创伤、愉悦损失等的损害赔偿。当然，我们当中的很多人或许更喜欢以无过错为基础来给自己投保。我们当中退休的人可以停止支付给收入投保的保险金，因为这些不管我们受伤与否都将继续……当然，这只是一个想象的世界，因为我们

毫无选择。我们不得不加入现行计划或制度，我们不得不支付认购，尽管我们不喜欢这些规则，并且认为这种认购价格太高，与它给我们带来的救济金相比不值得。

最后，也就是第七个不同点，在保险公司内部，第三方责任保险和第一方保险相比很不受欢迎，因为他们永远不知道按照第三方保险单，他们将要支付的最大金额是多少。一张第三方保险单要求保险公司对施加给保户的所有法律责任承担所有的花费，而这也成为保单的一项条款。如果法官决定发狠要加倍明年支付的损害赔偿金，那保险公司还是要支付所有的损害赔偿金，尽管那些人的保险费根本不足以包含这增加的责任。

在对人身伤害、道路事故和诸如此类的事件索赔的情形中，这在英联邦并不是严重的问题，因为大家都知道损害赔偿金的层次，也不会在不充
129 分警告的情况下就有所改变，并且不管怎么说，按保险公司的行为标准也是相当低的。但是甚至在人身伤害的情形，这些难题在美国都是非常严重的，在那里损害赔偿金是很难预测的，而在其他类型的案件中，因为对会计师和律师可能提出的索赔的数量，这个问题甚至在英联邦也很严重，在大量其他的背景下亦是如此。结果就是在这类案件中，现今的保险公司会按照保单写出他们能承担的最大金额。写入最高保险额的最令人担忧的案件类型之一就是由于油轮泄漏导致大量石油污染和诸如此类的案件。此类案件中的损害赔偿达到数亿英镑让保险公司不能承担所有债务。对于此类案件或许需要特别的安排，这类安排过于专业，本书不再讨论。

到目前为止我们已经讨论了第一方保险和第三方保险的不同，好像它们总是互相替换。事实上，在保险市场上有许多重复赔偿，因为有很多风险既被第三方保险覆保又被第一方保险覆保。比如以每天的道路交通事故为例，虽然对你的车造成损害，但是却没有伤害到任何人。此种风险包含在你的综合保险单中，但也总是包含在其他人的保险单中。不管事故的过错是谁在路上开车，他的第三方保险单都应该包含此项风险。所

以此风险被覆保两次。当然，每个人都知道，如果可以的话你向对方司机提出索赔对你更有利。有利的原因就是我们所生活的制度。而这个制度带来轻微的成本增加。假设在单纯的两车相撞中，假设两辆车都受到了损害，再假设两辆车都是综合保险，假设两位司机都有过失。这种日常类型的案件结果就是每位司机都有权向对方索赔维修自己汽车的部分费 130
用，部分则由自己的保险公司承担。每个公司都不得不支付车辆的部分修理费用——这也意味着每个公司都要确认一下账单，以此确保汽车修理公司并没有超额收费。当然，所有这些肯定会造成很大的浪费，所以很多保险公司有"汽车互撞免赔"协议，协议中每个公司对其自己的被保险人承担全额修理费用，并且消除对其他司机的交互诉讼请求。这样第三方因素就被消除了，保单被视为好像纯粹是第一方保单——在其他事件中也显示出保险公司偏爱第一方保险。而不幸的是这些汽车互撞免赔协议正在受到来自于市场动力的巨大压力，原因过于繁琐，在此不再探究，而且有些正在或已经遭到废弃。这会很不幸地导致开车者费用的增加。

现今在财产损失案件中，相同的风险被保险两次意味着被保险人的确会得到两次赔偿。如果一个司机由于他的过失而使你的全险车辆受损，你不能对你的公司提出索赔，而且也不能对那个司机的公司提出索赔。或者更严格地讲，你可对双方提出索赔，但是你从那个司机的保险公司得到的钱却要用来支付给你投保的保险公司。所以很自然地就是绝大多数人不会费力地去对双方公司要求索赔。

该制度的一个独特的、有时也非常重要的怪癖来源于被称之为代位的奇怪的法律原则，对此我们已经接触过一两次。如果你先对保险公司提出索赔，它们也支付给你赔偿金，那么虽然你对其他方的保险人的索赔已经毫无意义（因为你仅仅会把得到的钱支付给你的公司），但是你本人 131
投保的保险公司却会以你的名义但却代表他们自己来进行索赔。正如律师们所说，公司代位你的权利，也就是说，他们支付完你的赔偿金，也就承继了你向第三方进行索赔的所有权利。在一些案件中，大笔的钱取决于此原则。在任何价值的财产已被投保，且由于另一个被保险人（或者其他值得对之提起诉讼的人）的过失遭到损害或破坏，第一方保险公司将要偿付所有人该财产的价值，然后保险公司可以对过失方索赔此笔款项，而过失方会转而依靠其（第三方）保险人来辩护并支付赔偿金，如果他输掉的话。比如在 *Dorset Yacht* 案件中（详见第 51 页）原告的游艇被起诉，这很普遍和正常，而所有者的保险公司支付其损害赔偿金。这个保险公司有责任对英国内政部进行索赔，英国内政部作为政府机构并没有买保险，但是却遇上了索赔。所以，原告的保险公司虽然收取了涵盖对游艇的损害风险的保险费，但是它却可以把损失转移给英国内政部。但是（正如我们已经解释过的）对内政部的起诉就是对纳税人的起诉。我们看到政府声称这个 *Dorset Yacht Co. v. Home Office* 的案件实际上是一个有欺骗性的误称。这个索赔真正关注的是在那种情况下是游艇的所有人和游艇俱乐部成员还是纳税人应该承担此损害赔偿金。当大家都明白了现实，许多人就会改变认为这个索赔是公正的观点。但是法律却隐藏了这类案件的现实。法官们对这些案件的裁决好像*真是*游艇公司和那个抽象实体内政部之间的竞赛。通常代位索赔不仅是由保险公司提起的，而且也是（有效
132 地）向保险公司提起的。因为内政部作为一个政府部门，不能买保险，所以在 *Dorset Yacht* 案件中没有第三方保险单，但是如果它们受有责任保险，那么整个诉讼就成为两个保险公司之间的争斗。这些案件不会给公众带来丝毫好处，尽管起诉会不可避免地花费很多，这里有个很好的案例是关于完全废除保险公司代位权利的。

在人身伤亡案件（以区别于财产损害案件）索赔中就没有代位责任而且法律也不同。在人身伤亡案件中，当你对另一方提出索赔，你自己的保险单都是被忽视的，你只能从对方保险公司获得赔偿金。这就意味着在这种案件中你*的确*得到两次赔偿。所以，正如我们先前提及的，在对致命事故的索赔中，人寿保险单是不被理会的，而且如果你对无能力工作提

起索赔，你享有的私人养老金权利（private pension rights）也会被忽视。很自然的，一旦一个人在事故中受伤，就可以让律师发起索赔，他会要求法律赋予他的权利，而且没有人可以对其行为进行指责。但是如果这些重复索赔不被允许的话，我们大部分人就会更加富有。需要特别看一下人寿保险。很多人都有人寿保险。如果人们感觉他们的家人需要保护，人们可以购买他们感觉需要的且能承担的保险。但是如果他们在一个有着很好退休金计划的公司或公共团体，如果雇员被杀，或还没有到退休年龄就死于疾病，那么肯定会有支付给遗孀或受抚养子女的津贴。当然，购买人寿保险单的人或者是退休金计划成员的人通过这种或那种方法支付了这些救济金。他们就不再需要任何额外人寿保险。但是第三方保险体制强迫他们（实际上就是强迫）去购买并支付额外人寿保险部分。在你买第三方汽车保险单的时候你就支付了其他人的人寿保险，如果你在事 133
故中把某人杀死；而当他们买他们的保单的同时，他们也在支付你的人寿保险。所以没有办法——你不得不要有这个人寿保险的额外元素，也由于这个原因你不得不对你的第三方保险单支付附加费用。但是这却不像普通的人寿保险那样会对你很有用，而且你也不能依赖它使得不办理普通的人寿保险得以正当化，因为第三方人寿保险只有在你因过错造成事故而受害时并且仅在事故的发生方式为相关保险单覆保时才有用。所以这个复杂故事的结尾就是在个人伤亡案件中有一个每个人必须支付的却属于浪费的双重人寿保险。

上面已经总结出来的关于第一方和第三方保险的差异应该表明在多数情况下，第一方保险作为可以覆盖大多数伤害和损失的保险无疑是更好的，至少它感动了消费者，在其他情况下经常也是一样的。第一方保险覆盖面非常广，管理起来非常便宜，它还允许某种程度的选择，通过消除琐碎的和重复的索赔它还为所有人节省了金钱，而且它还把保险费施加在这些有更多值钱的东西需要买保险的人身上。但是只要我们受到现有的侵权责任索赔制度的妨碍，我们就得被迫使用第三方保险而不是第一方保险(有时作为补充)来承保我们的风险。目前的制度是一团糟。

❐ 合同案件中谁来支付?

合同案件一般不属于本书范围,但是我们看到有很多对过失损害的索赔被归类于违约,因此而引起的问题跟在其他过失诉讼案件中出现的
134 问题非常相似(虽不是一模一样)。因为在合同诉讼中很容易就能非常准确地确定由谁来支付索赔,并且他们还构成一个和在过失诉讼中进行支付者不同的团体,所以在此还要补充几句。

在过失责任出现于合同案件的情形,合同双方都倾向于对该责任投保,就像他们在其他过失诉讼中做的一样。但是在一般案件中,这种保险损失很可能都将此转移给公众,就像我们看到的那样,而在合同案件中,损失很可能都转移给那些受到这些权利保护的可以起诉的顾客身上。我们通过看一下法院在1995年前的一个案子来解释这一点。这个案件是关于一个旅游经营商向原告的女儿出售到中国旅游的假期。作为假期的一部分,这个旅游经营商组织了各种各样的远足和旅行,在其中的一个旅行中,一批游客正在渡船过湖,承载他们的快艇因过失驾驶而倾覆,原告的女儿就这样悲惨地溺水身亡。原告有权对他女儿的死亡索要损害赔偿金,因为这个旅游经营商对快艇操作者的过失负有责任,尽管这些快艇操作者并没有受到旅游经营商的雇佣,而是独立的缔约人。很显然,如果旅游经营商对发生的伤亡以这种方式承担责任的话,这种方式可以在将来通过买保险来避免此种风险,如果他们还没有这么做的话,或者他们的保险费上涨(本来没有保险费的上涨,就是因为这个特殊的旅游事故有记录,保险公司会从法院的判决中吸取教训,那就是保险公司要承担的风险比它们预想得大多了),如果他们已经买过的话。很自然的,如果旅游经营商的保险费用上涨的话,它会对顾客收取更高的假期旅游费用,顾客们

要支付的也就更多。这难道是一件好事情吗？答案是不是好事情，因为几乎每一个一揽子旅游（旅行社安排一切的旅游）的度假者都已经买过第一方保险。这就意味着度假者将要支付两次保险费，尽管有时度假者 135
也能对同一次损失索赔两次，但是谁想要这种保险呢？所以几乎可以确定的一点就是度假者可能会更富有，如果没有法院决定的“有权起诉”这项强迫他们去购买的保险，而且这个决定不管度假者想不想买，也不管他们需要不需要。

再举一个例子来说明：照相者把他们的胶卷拿过去处理，有时候愤慨地发现他们的胶卷被实验室的人意外丢失或弄坏。胶卷处理公司通常会提供替换胶卷，但是顾客们总觉得这完全是一种不充分的赔偿。几年前一个来自澳大利亚的家庭有一次全球旅行，他们有二十卷胶卷要柯达实验室处理，这些胶卷却不幸全丢了。这个家庭威胁柯达说要上诉，要求柯达支付他们再次全球旅游的费用，这样他们才可以再一次照到所有的相片。柯达通过给这个家庭支付一大笔钱解决了这个索赔，这笔钱已经远远可以支付他们全家的再次全球旅行。在1996年，有位科学家拿了一卷胶卷让布茨（Boots）来冲洗，因为弄丢照片，科学家要布茨赔偿3万英镑，科学家声称这卷胶卷是在一次去北极的科学探险中照的，而那次科学探险要花费这笔钱的两倍。[①] 在这种情况下，如果冲洗公司要支付这么巨额的损害赔偿金，公司肯定会把这些费用转移到顾客身上，所以结果就是胶片冲洗费用的巨额上涨。拍摄那些无非是孩子们或狗的令人兴奋的照片的胶卷冲洗人不得不做出额外的支付，这样那些环球度假者，或去北极科学探险旅行者就可以对其珍贵的照片获得赔付（但是如果那 136
些照片真的那么宝贵，为什么科学家们不为了安全起见多备几卷胶卷备用呢？）。

消费者们总是坐在边上欢呼那些大卫对歌利亚的战斗（*David v. Go-*

---

① 《泰晤士报》，1996年12月10日，第一页。

liath battles)，并且认为索偿人代表的是消费者的利益。实际上这类索赔最终都是以让消费者支付更多钱的方式来结束。如果这些风险由第一方保险来覆盖，而不是通过法律责任和第三方保险，那么这些有特殊价值的胶卷就可以通过买特殊的第一方保险来获取保护，而那些没有特殊价值的胶卷就可以节省出这笔额外的费用。或许有些理想化，胶卷处理公司应该提供安排这种保险，对那些需要的胶卷收取额外的适当的费用——就像邮局给你提供的选择一样，收取额外费用，通过挂号信或记录式邮递的方式来邮递贵重包裹。这是一个要比作为法律事务让邮局对丢失的包裹予以赔偿更明智的办法，让邮局赔偿只会引起突发而来的大量索赔，并
137 且会造成每个人邮递费用的逐渐增加。

第六章

不公平且低效的赔偿体系

在这一章，我们应该总结一下，并尝试评估一下当前法律执行得如何。就个人损害而言，整个法律保障程序等同于赔偿体系，但是这个体系非常不公平，而且还极度低效。但是我们还是以“归咎文化”这个大问题开始，想问一下这是否就是跟公众利益背道而驰。

❒ 法律鼓励归咎文化

很多公众对日益增加的损害赔偿感到担忧，他们在没有任何法律专业知识的情况下都能够识别当前的法律在鼓励人们为自己的不幸去责备他人。这种鼓励有两种典型形式：第一，它鼓励公众认为他人应该采取必要的防范措施来阻止事故或不幸的发生；第二，它还鼓励公众认为他人有责任采取必要的经济措施（通过保险或什么）来保护他们自己在遇到不幸时所遭受的损失。毫无疑问，造成这种情况的部分原因归结为现今仍在执行的法律制度。法律制度正在帮助创造这种“归咎文化”，在这种文化中人们有强烈的经济动机来责备他人对其造成的损失、死亡，或者损害。

有些人争论说这样与法律原意背道而驰。他们可能会说法律制度仅应对公众需求做出回应——如果归咎文化继续发展，那么法律和法官们对此不承担责任，但是必须通过向那些能够证明他人确实应对其遭受的伤害或损失承受谴责的人提供赔偿来对此作出实际的回应。当然，这其中还有一些事实；事实就是法律和公众文化或意识形态相互作用、相互影响。但是不能否认的是法律在创造现行的归咎文化中起到了重要的作用。特别是法律责任在不同方面的“扩展”分散了对第一方保险需要的注意力，法律责任的扩展方式本身大部分就是以法律责任为基础的保险制度的产物。比如，令人吃惊且完全不可接受的就是在道路交通事故中对车辆损害风险的保险要远远高出对个人损害的保险（同上，第124页）。

当“归咎文化”失控时，政府非常易受诉讼的攻击。如果公众认为——有些人好像就这么想——政府最终应该对社会上发生的所有事情承担责任，那么政府（和其他公共团体）就容易遭到诉讼，不管它们做过什么或什么也没有做。比如做建议的难题，在现代，公众期待政府提供很多有关公共卫生方面的建议，从药品到避孕药到喝多少酒是安全的等等。对于此类问题，政府通常是在巨大的压力下给出建议：媒体，声称代表公众，要求被“告知”吃牛肉或用某种特定品牌的避孕药等是否安全。如果政府拒绝给出建议，媒体就会宣称政府是在“隐瞒”本应该让公众了解的
139 信息。而且政府还会由于“未能提醒公众”免于危险而受到法律诉讼的威胁。所以政府要做出科学的建议并把它们所推荐的传递给公众。如果建议最终是错误的，政府依旧最有可能遭到控告——事实上目前在关于“安全牛肉”的建议上法律诉讼悬而未决。

但是在这些问题上，政府到底什么地方做错了呢？政府并没有强迫人们去吃牛肉或使用某个特定的药品或饮到政府所说的安全酒量。这些问题按说应该是公众自己决定的事情且公众应对其决定自己承担责任。造成此的部分原因就是归咎文化，公众认为就是因为政府建议公众吃什么和喝什么，政府就有责任对此承担责任。或许政府在此的错误就是它们不是仅仅传达了其科学顾问的推荐并且建议公众自己决定，而是用明确的关于安全的建议或确信向公众发布了信息。但是在一种公众习惯接

受对自己的决定和习惯承担责任的文化中，政府应该宣称所有这些理应如此，无须赘言。

现今有些迹象，法律和一些判断或许可以凭借日益改变的公众情绪摆脱这种处境。这种归咎文化与意识形态和20世纪六七十年代的主流文化紧紧相连。那个时候，由于国家所遭受的大多社会问题而谴责政府是非常普遍的。只要政府在这些或那些问题上——医院、学校、道路、养老金、警察、社会保障和其他——投入更多的钱，公众就认为这些社会问题可以得到解决。连政府本身好像都持有这种观点。

在过去的十年或二十年，公众还有一些政府对此问题的看法似乎出现了根本的改变。政府现今坚持的是，而且也被大多数公众接受的观点 140
就是，就所有的社会问题，政府能够解决的非常有限。尤其是政府自身解决能有社会问题的真正尝试都牵涉到对税收的大量增加，并且由于诸多原因，没有奏效。

一旦上述思想被接受，必然尾随而来的是对个人必须接受对自己的问题的职责这一观点的进一步强调。如果国家不能支付足够多的养老金让退休人员生活舒适的话，那么公众即将学会的就是为它们的老年存更多的钱。如果他们没有这么做，那么大家会越来越认为他们老年的贫困只能怪他们自己。或者，如果国家不能支付（比如说）全体居民的所有牙科治疗费用，那么普遍的观点就是人们对支付自己的牙科治疗承担责任，如果人们未能照顾好自己的牙齿，那是他们自己的而非别人的错误。

现今，虽然公众对社会保障和福利国家的看法普遍改变，但是这种情绪的改变还没有迹象表明能够影响到这样一个看法——损害赔偿仍是受到鼓励，因为人们相信他人总是会为这些损害买单。1987年议会议员们蜂拥支持普通议员议案，议案允许服务人员起诉要求损害赔偿（第89页讨论过），这一方式说明了众多政客在这些问题上是多么的消息不灵通。现代经常看到的是一些法官们也被卷入这种在20世纪60年代占主导地位的文化中，而且易于让人们把他们的损害或损失随时归咎于其他人的

文化。对此类事情，我们已经见识过一些活生生的例子了，比如在一则案
141 件中，一位由于喝醉而不省人事的海军航空兵窒息而死，其妻子仍可以说服地区法院其丈夫仅仅对自己的死亡承担部分责任，从而获得 7 万英镑的赔偿金（参照第 40—41 页）。在此问题上，如果按照公众情绪或意识形态，法官们总是落后于时代约二十到三十年，但是在过去一般会因为法官太保守了而导致对他们的批评。矛盾的是，在此问题上，很有可能是因为法官们仍然稍微受到 20 世纪 60 年代左翼福利文化的影响，尽管现在主要的政党和公众已经抛弃此文化。

但是损害赔偿法的法律紧紧地和社会保障、抚恤金等之类的公众问题联系在一起。如果公众能够接受如若保证他们退休后有足够的退休金不仅是他们自己的责任，也是国家的责任，或许他们就可以试着接受对伤害和事故等风险投保也是他们自己的责任。现今很少有人期盼获得够一生所用的金钱——也就是他们工作一生所挣到的钱——当他们不管由于何种原因不能挣钱的时候。实际上显而易见的是我们已经走向一个新的社会时代，在这个时代人们都意识到一生一个固定工作已不再适用于每一位学校毕业生或大学毕业生了。许多年轻人都非常清楚，在现实的世界里，有许多风险会影响他们是否会有个体面的工作和收入。对很多人而言，裁员和失业是正常现象，而对此带来的恐惧或许也更加熟悉。在此种社会，一种看起来更加自然而然的事情就是，一个人有责任给自己买保险，要么就要承担自己在事故中由于受伤而带来的收入损失，而不应该期待通过法律制度让别人给你提供对此风险的保险金。如果此类事情发
142 生，如果法律继续实施如此慷慨的规定（甚至还允许有一些“折扣”，见第 10 页），要求对将来的收入“损失”缴纳赔偿金，对致命事件进行赔偿，这实际上就是一种认为应该由别人来给自己支付保险金的思想，那就太奇怪了。对于此类问题，法官们或许应该改变对什么是公平的看法了。

有些人或许会反对，认为尽管归咎文化有时会“很荒谬”，我们也应该对那些真正应受责备的人加以谴责。我们应该严肃惩罚那些应受谴责

的人，哪怕惩罚是不公正的，我们应该阻止人们进行那些造成伤害或引起事故的行为。这一点我们不能忽视，但是现今的法律重点却在对事故受害者赔偿多少，这肯定会分散处理这些本应需要惩罚的人或对那些真正有责任而需承担责任的人的注意力。虽然“归咎文化”造成更多的赔偿，但是一旦赔偿成立，法律的所有重心会全部转移到确保对受害者的金钱赔偿，而不是惩罚过失方。我们将在第七章回到惩罚和威慑这个问题上来。

❒　制度就是彩票

现在我们转而讨论作为对人身伤害的赔偿制度运行的法律的公正性。这个体系有多公平？回答就是这个体系与彩票一样公平。事实上这并非说这个体系就是彩票，法律下的彩票。这几乎就是一个机会问题，你是否可以由于残疾和损害获得赔偿金，这也是一个机会问题，你会得到多少赔偿金，这还是一个机会问题。看一下这些事实。

正如我们所看到的，社会上所有的残疾人或残废者，大概有10%遭 143
受的是先天缺陷，另外的10%是在事故中受到伤害的，剩下的80%是由于疾病和自然因素造成的。所有这些数字中只有大概1.5%的人可以获得损害赔偿金。这么一小部分人是怎样被选出来享受优惠待遇的呢？

或者我们应该先讨论一下他们为何没有被选中？他们没有被选中的原因是基于需要。当然，不能否认的是获得巨额赔偿金的严重事故受害人的确需要一大笔钱来维持基本生活费用和其他必需品的花费。但是一个不是在事故中受到伤害的残疾人也有同样的需要，但却没有资格获得损害赔偿金。当然，有些人的需要多于另外一些人，这要根据残疾的程度、年龄和他们是否有很好的家庭供养或者需要自己照顾自己和自己养活自己。这些事情也并不能决定你是否有权获得损害赔偿金。在此声明,能够索要损害赔偿金的事故受害者有私人医院花费,医药费和护理费。当然,除非受害者需要治疗,要不他们也不用这些费用。但是这些权利并非依靠是否需要私人治疗这样的证据。其他的受害者或许由于种种原因而更加需要私人治疗,但这都是毫不相干的。

是否有权获得损害赔偿金也不是由你受伤或残疾的严重程度决定的。很显然,伤害、疾病和残疾多种多样,从的确很严重的完全卧床不起的半身麻痹病人,到许多人在小事故中遭到一些擦伤或青肿,或者由于自然原因,遭受轻微残疾,比如说可以靠眼镜来弥补轻微的视觉缺陷。但是,你是否可以索要损害赔偿金并非由你的状况有多严重决定。当然,这个制度对事故受害者有很大的倾向性,因为在这些案件中,正如我们所
144 见,要证明过失更容易一点,而且要找到一位有保险的人或有偿付能力的被告也更容易一些。由于这种偏见,现在的趋势是,大家认为大多数严重残疾的人通常是在事故中遭受损害的。但是事实却并非总是如此。尽管很多普通的疾病不再威胁生命,而且现在的医疗科技能够对很多原本可能会死的病人展现奇迹,但是事实却是仍然有很多重病导致的残疾,对此医生除了减轻其痛苦外别无他法。比如,遭受大脑性麻痹这类出生缺陷的受害者们(有时称之为痉挛性麻痹患者),多发性硬化的受害者们和运动神经疾病的受害者们,这些疾病并无可治愈之方且越来越陷入可怕的瘫痪状态;得糖尿病的患者们可以通过日常注射胰岛素控制病情,但是却会在晚年引起一系列的并发症,频繁需要截肢(并且大多数的截肢需要注明是由于疾病而非事故造成的);还有得脊柱裂的患者,这是另外一种先天疾病,但却不是由于出生造成而是由于遗传特性引起的。很多此类患者情况非常严重——当然还有其他患者——其结果令人心碎。他们中的很多人要远比获得损害赔偿金的人情况严重很多。

获得损害赔偿金的机会也并非由其状况是永久的或暂时的而定。毕竟轻微受伤或短期生病是人类状态的一部分——几乎每个人都会不时受些伤害或遭遇点疾病。所幸的是,绝大部分疾病是短期的且不会给人们

留下永久的不良作用。但是你能否索要损害赔偿金并非由你的疾病或者伤害是短期或长期而定的，也不是由这种疾病是否会遗留任何不良作用决定的。 145
哪怕是最短暂的微不足道的伤残在法律上都可以证明索要损害赔偿金的正当性，虽然此类案件的损害赔偿金不是很多，但是把所有的索赔都加起来，总额是相当大的。当然大部分的人不会对此类微不足道的马上就可治愈的伤害索要索赔，但是有些人会。

随着律师们广告的增多，随着“归咎文化”的繁荣，和公众对此类事件的意识提高，我们期待一个更大的“索赔意识”——美国人的称谓，以及越来越多的是对轻微甚至微不足道伤害的索赔。其实很多人已经发现这类索赔非常容易，比如，如果你被路面上的一块凸出的铺路石所绊倒而擦伤你的腿，你可以对市政府的公路部门要求索赔；工会也鼓励他们的成员对非常轻微的伤害进行索赔。

另外，正如我们所见，你索要损害赔偿金的能力并不必然取决于你自己是多么无辜的受害者。当然，如果你要对你自己所受到的伤害负全部责任，你不可能索赔任何东西（但是如果你对伤害你的妻子有责任，她可以获得赔偿）；但是即使你负有部分甚至绝大多数责任，你仍然可以获得非常大量的赔偿金。另一方面，大多数无辜的受害者竟然——比如有出生缺陷的孩子——连一分钱赔偿金都拿不到。

既然我们已经分析了是否有权索赔所不依靠的因素，我们就可以问，它到底依靠的是什么？因为我们已经大量地讨论过这一点，在此我们可以做出非常简短的回答。有权索赔所依靠的是：第一，你的伤害或状况是否是由于另一个人的过失；第二，你是否可以证明其过失；第三，应受谴责的一方是否对该责任投保，或者在伤害发生时是作为公司或政府当局的雇员在进行活动。

即使是这些因素，也还是有很多机会的。对于许多的残障人而言，不 146
管是什么原因造成的，他们的残疾所产生的后果是完全相同的，在某种意义上，他们的残疾是否是由于别人的过失造成完全看机会了。比如拿出生缺陷来举例。一个残疾的小孩长大后，他肯定不记得造成他残疾的事件是什么，这个孩子能否在为数不多的人中获得损害赔偿金完全看机会了。我们也已经看到，对于大多数人所说的由于意外而引起的伤害是怎样归咎于该人和怎样从该人那里获得损害赔偿金的，尽管他只是因其过错而引发了已发生的事件，尽管没有人能够预见其后果(参见第46页)。再次重复，这些后果看起来完全是偶然的。

对于证明要求，这里存在大量的机会。如我们所知(参见第104页)，在职业病中很难甚至不可能有证据；但是在意外事故中却相对容易很多。这就是运气。即使在意外中，是否有目击者在场也完全是运气，这也是能否有证据的原因。还有就是包含着家庭的机遇——由于另外一个家庭成员的过失所导致的配偶或孩子受到伤害，他们能否得到赔偿取决于意外事故是否发生在道路上或其他地方。

一个成功的损害赔偿所需要的第二和第三项要求的意思是，你是否可以索赔一般(虽然不是总是)取决于意外事故是否发生在道路上或发生在工作中或发生在其他地方。如果是发生在道路上或工作中，你获得损害赔偿的几率就会高于发生在其他地方的事故。这两项要求其实就是机会问题，这与他人是否有罪或应受谴责或原告是否无辜没有丝
147 毫关系。

我们在第一章中所提到的大规模索赔中的一些就是以尖锐的形式提出这一彩票观点。比如，每年在英联邦，就有12万人死于与抽烟有关的疾病。很显然，如果这些受害者的家属按照正常比例来获得赔偿的话(大概10万英镑)，那总额就是天文数字——每年就是120亿英镑。当然这绝对不可能发生——在此事有可能发生之时议会就会修改法律。所以律师们在处理这些索赔时就是希望并计划能够获得部分损害赔偿金而非全部。但是谁将成为幸运家庭呢？答案肯定是那些希望获得赔偿且能证明受到损害的家庭，例如，受害者总是抽同一个牌子的香烟，而且患了一种跟抽烟直接有关的罕见的癌症。其他的受害者们恐怕没有任何成功的

机会。

在此制度中的彩票因素不仅包含你是否可以索要损害赔偿金,而且还包含你会得到多少。很多受伤或患重病者会从福利国家那里获得这种或那种的经济援助,所以即使他们没有获得任何损害赔偿金,也不会认为他们没有任何依托。但是众所周知,福利国家越来越成为一张安全网去帮助没有任何依托的人;对于受伤或患病的人,他们若想从社会保障或其他福利救济金中获得大笔施舍的话,将一无所获。相反的,那些索要损害赔偿金的人却能获得劳斯莱斯般的待遇。损失的每一分钱都会由专家(高额聘请的)医生、顾问和康复专家仔细计算。将来的可估计的损失也被计算在内。像额外的疼痛煎熬和幸福损失也被计算在内。并且(如前面提到的,参见第 70 页)总是有很多的权利重复,所以那些获得损害赔偿金的人(特别是致命案件中的)在事故发生后比之前的经济状况好很多。 148

哪怕是关于细致计算的损害赔偿金,很多事故大部分仍由机会决定。据我们了解,对将来损失的评估在很多案件中显然是很棘手的。这肯定是由法官来决定(或在和解中决定)此损害对原告的工作前景有多大影响,原告是否会失业,失业状态会持续多久。自然,尽管世界上存在着照顾,但是这些估计经常被证明是错误的。在一些案件中,原告获得的赔偿不充分的,因为他的工作前景比预想的要更糟糕;而另一些案件中,原告却又获得过度赔偿,因为事情比预想的要好出很多。例如,一位 35 岁的患有外伤后休克的原告将永远无法再次工作,法官决定判给他一笔巨额赔偿金用以支付其一生的收入损失,大家仅仅会好奇这种预测真实与否。实际上,如果此预测证明是错的,那还会有更进一步的彩票因素,因为结果会取决于机会的时机。如果原告在法官作出裁决之前或法官刚作出裁决不久就康复,那仍有机会不执行决定,而且赔偿金会被减少就与在 1996 年发生的一宗主要案件一样(参见第 11 页)。但是如果康复仅推迟几个月,这种不补偿损害赔偿金的情况就不会发生。

在某种意义上，彩票的基本原则是，受伤者是否以获得损害赔偿金或以获得社会救济金而告终完全靠机会。截止到《1978 年英国皇室委员会（皮尔逊委员会）报告书》发布，据估计花在赔偿受伤的和残疾人身上的钱，包括损害赔偿金、社会保险费用和相关系统的行政管理费用，1.5% 的受害者所获得的损害赔偿金占总额的 40%；而剩下的 98.5% 的受害者不
149 得不再分割剩下的 60% 的损害赔偿金。难道还需要更进一步的来展示整个制度是多么的不公正吗？然而，还有人坚信应该增加损害赔偿金的额度！实际上，在撰写的时刻，法律委员会正在准备几份报告，报告中就建议增加损害赔偿金的额度。

如果有人认为，毕竟，彩票没有什么错误，而且既然国家彩票这么受欢迎，那么为什么法律制度不能借助彩票的想法呢，稍想片刻，答案就会分晓。买普通彩票是一项自愿活动，而受到伤害或遭受残疾的人和由此而引发的试图获得赔偿的行为却并非出于自愿。同时，如果把目前所有的钱像中彩票那样盲目地分发给事故受害者和残疾人，那就不再不公平，这么说是有一点点夸张。这肯定是更加便宜。

由谁来支付这笔损害赔偿金既依靠机会也依靠是谁应该获得这笔钱。从某种意义上讲，诚然我们全部支付，正如本书所展示的，但是我们所支付的比例却相差甚大，而且看起来跟我们所制造的风险关系不大，与我们受到损害所能接受的赔偿金数量关系不大，或和其他任何合理的标准关系不大。高收入者支付的损害赔偿金不比低收入者或失业者支付得多，但是如果高收入者受到损害却获得高得多的损害赔偿金。公司的股东有责任对重大疾病负有责任，他们最终或许遭受巨大的损失，但是却不再对其罪行有罪。由于当局的失控而引起的官员过失，在对政府索要损害赔偿金时地方当局纳税人或许发现他们自己需要承担部分损害赔偿账单等。这就像是税收，但其性质更糟糕。

制度低效

有时公正不得牺牲在效率下面。要设计一个真正公平的法律制度代价昂贵，由于其费用，在一些领域我们不得不退而求其次。但是今天我们 150
所用的赔偿制度不仅仅很不公平，而且还非常低效。这种低效有两种表现形式——制度时间太长且花费巨大。

拖延

首先，太多的索赔耗费太长的时间来处理。这种拖延并非由于法院案件太多而造成的堵塞所致。正如我们所见，只有大约 1% 的此类案件得到审判。而解决这些案件仍花费太长的时间。在重大案件中，索赔一般要花费 6 到 7 年的时间来处理，有些案件甚至花费 10 年到 11 年的时间——换言之，这比第二次世界大战时间还长。大概有半数的案件需要一年多的时间来解决。在此制度中工作的人们，像律师们和保险公司早已习惯这种拖延，而他们也就按他们所熟悉的速度来处理这类索赔。但是其他种类的保险索赔——特别是第一方索赔——并不用花费如此长的时间来处理。人寿保险通常数周就可解决。复杂的机动车索赔通常是只要对毁坏部分的修理安排好就能处理完；户主们总是很高兴，惊讶于保险公司处理重大事故的速度。那为什么就要花费如此长之时间来处理损害索赔呢？

有几个原因。第一个原因就是此类索赔属于第三方保险制度。保险公司并非直接与其客户交涉，而是与陌生人交涉。保险公司对其一无所知，对于顾客忠诚也是一无所知。所以保险公司对此种索赔就会产生怀疑或不相信此种索赔，至少在最开始会怀疑。

另一个原因（影响到重大案件的原因）就是直到原告的病情稳定，才有可能努力来评估所能达成的损害赔偿金数额。而这个原因反过来取决
151 于一个未明确说明的假设——即损害赔偿金必须一次性付清。当然，正因为如此才需要等到病情稳定后再说，而在严重的病例中，病情的稳定或许就是很多年以后的事情了。如果损害赔偿金是按阶段分期支付的话，损失一周接着一周的发生，第一次的支付总是非常迅速的。正如我们前面所提到的（参见第 14 页），现今有时也会有赊账，通过临时裁决，但是这些裁决一点都不符合常规。

为何花费如此长的时间来处理第三方索赔的第三个原因是，需要证明有人对此损害或伤害承担法律责任。这跟在第一方保险索赔中出现的问题相比就复杂多了，因为需要证明过失。如我们所看到的在一些持续一段时间，但却直截了当的案件中的过失是很简单的，但在法律上即使是很简单，也需要事实来证明——或至少需要有证据来支撑它们，以目击证人证词的形式，文献证据的形式等。即使在简单的案件中搜集此类证据仍需时日，而在更加复杂的案件中，不管是事实或是法律，显然会变得非常困难并且耗费时间。

所有这些因素的结果就是，在处理索赔中，长期的拖延是完全正当的，在全球都是一样。哪怕是认为对司法进行修改都不会有多大差别，因为几乎 99% 的索赔都从来不走法律。能有所改变的就是把目前的保险体系从第三方制度改为第一方制度，并且除去证明过失的需要。我们将在第八章回到其可行性上。

成本

152 我们已经提到要执行第三方人身伤害制度的运行成本有多巨大。据英国皇家专门调查委员会的估计（上文已提到，第 125 页），从 1971 年到 1976 年，大概用了 2 亿英镑来支付损害赔偿金，其中 17.5 亿英镑是行政

费用(数据是按 1977 年的标准)。但是并没有最新的数据来显示现今损害赔偿金的总成本,但是肯定不会(如果是总数的话)低于每年 20 亿英镑,而这其中仅仅只有 10 亿英镑实际用于损害赔偿支出,而稍稍少于 10 亿英镑的钱就是成本。需铭记在心的是这些费用都是出自我们——公众——这与我们在社会保障体系中承担的税收重担是一样的。

当用来抵消整个社会保障体系的巨额花费时,这些数据看起来并非如此巨大,社会保障体系现今可能每年需要 800 亿英镑来维持。但他们本身却是非常巨大的数字;更重要的是损害赔偿体系的行政费用的预算要远远高于社会保障行政费用的预算。大多数的分配给大众的社会救济金大概是按照总额的 10%—12% 支出的。如果损害赔偿金也是按此分配的话,公众每年大概可以节约 7 亿英镑。因为大家普遍认为公共团体比私人机构低效许多,乍一看这或许有些惊讶。但是在复杂的损害赔偿体系下这是很自然的结果,它不仅对行政管理的额外费用负责而且对索赔过程的拖延负责。如果你不得不雇佣律师来处理此类索赔,费用肯定会很高。

与此有关的是需要记住在 1987 年《政府诉讼程序法案》修订之时,那时允许公职人员对其损害索要损害赔偿金,国防部估计他们还需要额外雇佣 24 位律师来处理此索赔(详见第 90 页)。如果国防部不得不雇佣
24 位律师来为反对公职人员的诉讼请求的话,那么作为公职人员的原告 153
们也不得不雇佣 24 位律师,这才合乎情理。所以一次表面上的对法律的很微小修改——对损害赔偿的索赔权利的小小扩展——就要提供 48 位额外律师为其努力！有人就好奇按照第二章和第三章所描述的法律的所有“扩展”将雇佣多少律师啊！实际上,说“有人好奇”非常正确,因为没有办法知道这到底花费多少。正如我们已经指出的,法律上做出的这些改变都是由法官完成的,不需要评估公众对此需要承担的额外费用。或许对公众机构花费的国库监察并非是件坏事,毕竟如果监察能够保护公共机构诸如此类浪费的话。

❐ 我们怎么进入了这种混乱？

从某种意义上讲，我们能从现今的混乱中得到什么并不重要。如果它是一场混乱——一个不公平且低效的混乱，如上所展示的那样——那么重要的问题就是我们对此应该做些什么，而这个问题在第八章有所解决。但是一些人或许对这些索赔持有怀疑。他们或许认为本书在夸张或对此问题存有偏见。他们或许会认为事情不可能像所讲的这么糟糕。他们特别想知道如果此陈述很精确，那么事情还没有做的时候是如何变得如此糟糕的。这一节主要是说给那些可能会问自己我们是如何陷入此混乱的人的。

答案或许由很多不同的因素决定，没有一个因素是羞辱法律制度或运行它的人的。答案并不是存在一些巨大的法律阴谋。这个体系也并非
154 是为了让律师赚大钱而设计的，更非法官们为了让其原来同事赚大钱而设计的。事实上这个制度很难由某一个人制定——它是从一些非常简单的想法中一点一点地发展起来的，正如我们第一章中所见到的，从如果有人由于他的过失对你造成伤害，他就应该补偿你这样最基本的观点开始。很多运行此制度的人相信这个制度基本是公正的，因它可以使受到伤害的人在他人的帮助下让凡有错误者承担赔偿金。在法律范围内他们竭尽全力地帮助他们的客户。

在很大程度上，这个答案也并非存在于那些有时似乎煞费苦心要求索赔之人的贪婪中。或许这个制度的确在鼓励这种反应；当然，在对明显不配获赔的原告的奇怪的诉请和大额和解或裁决进行大量宣传时，很多人就想着试试他们在这个制度中有无运气，尽管在另一种情况下他们不会这么做一样。这个制度越糟糕，问题就会变得越多。而且这个制度还有意无意地鼓励受到伤害的受害者夸大他们的症状。但是现今很多索要

索赔的人刚开始并非出于贪婪。他们有需要或他们有苦情。如果他们寻求律师的建议,那他们就会卷入他们所不懂的制度中来。律师们认为原告找他们就是要寻求法律提供给他们的权利——索要损害赔偿金的权利。而一旦法律这台机器开始嘎吱嘎吱地工作,紧接下来的是既定的惯例。所以我们不应该责备那些执行此制度的人或(总体上)利用这个制度来索要他们有权获得的损害赔偿金的人。真正的问题还在其他方面。

制度真正的问题主要归因于五个主要因素:第一个因素是法官坚决拒绝的和法律制度要面临的事实是,对损害实际承担责任的不法行为者 155
提供赔偿,但是损害赔偿金并非他们支付。但是这种情况并非是由于任何心胸狭窄而拒绝面对现实。它源于一个程序规则,那时的民事诉讼由陪审团审理,原告不允许提到被告有保险的事实。把保险因素列入考虑范围之外的目的最初是为了确保陪审团不要对被告存有偏见。法官们认为若陪审团知道是由保险公司来支付损害赔偿金,陪审团就会毫不迟疑地同情受到伤害的原告,矛盾的是,本书已经讨论过,在长期看来,不考虑保险因素只是强有力的支持,而非缩小对责任的扩展。既然法官们审判这些案件,他们很清楚损害赔偿金无论如何是由保险公司支付的,所以法官们毫不害怕判给大笔的损害赔偿金会让仅犯小错误的穷被告们破产。同时,拒绝讨论保险还意味着每一个损害赔偿诉讼呈现出的都是一位无辜的原告和一个有过失的有罪之人的竞赛。在此竞赛中,获得同情的总是原告。

第二个因素与第一个因素有紧密的联系,存在一种巨大的趋势,大部分的人不得不,律师法官们也认为团体是有能力对其团体中任何一个人的罪行承担责任的实体。替代责任原则的迅速发展和现在对事业单位的待遇肯定来自于此。把一个团体称之为“他们”并说如果一个公司的一个员工或一名公务员做错了什么那太简单不过了,“他们”就应该接受斥责并承担损害赔偿金,而我们却没有几个人停下来问问这种推理形式是否真的很公正。

第三个因素解释了这个法律传播的方式就是我们之前提到的（参见
156 第 91 页）选择比较的过程。只要法律顾问代表原告代理一个新型案件，并试图说服法官对法律稍微“延伸”一点，法律顾问就会把此案件和最接近的案件做比较，而先前那个案件就判给了损害赔偿金。整个惯例体系鼓励这种做法。法官们很快就会被说服这个案件和前一个的差异非常小以至于可以忽略，所以法律就延伸了——一次又一次地延伸，正如我们在第二章和第三章所看到的。被告的辩护律师就很难成功地说服法官，说目前的案件跟没有判给赔偿金的案件更加相似——原因或许很简单，大部分没有判给损害赔偿金的案件从来不会到法院，因此也就没有形成惯例。

哪怕是修改法律，同种的事情依旧会发生。比如说法律委员会最近出版了一个关于个人损害案件赔偿的咨询文件。在此文件中委员会用了很多篇幅，博学地比较了许多其他国家损害赔偿的评估方法和英格兰损害赔偿的评估方法，但是委员会却丝毫没有比较研究一下英格兰本国的损害赔偿评估方法和现成的丝毫得不到任何损害赔偿的案件。只要和地方当局社会公益服务部门或职业治疗部门的客户呆上一下午就会很快发现有很多受到损害和遭受残疾的受害者们并没有获得丝毫损害赔偿金，他们只能依靠一点点微薄的预算。和由高级法院裁定的案件相比，对这些案件的宣传度不高，所以这也是为何前者经常被有目的地选作比较，而公众也是能听到的。

157 第四个因素就是家长式管理和归咎文化的发展，这在其他事情中已经导致我们应该对所发生事情自己负责时，却把受伤、事故和损失都归因于他人，或至少我们应该买保险抵御这些风险。在所有的严重事件中，当人们建议保险公司有责任建议其客户如何来花费本属于客户的抚恤金时，如果保险公司没有对此提出建议，他们就应当承担责任（参见第 49 页），从中我们就可看出家长制和归咎文化走得有多远。

与第四个因素紧密相连的就是第五个因素。法律已经着手发展一个满意的第三方保险制度，以此来覆盖强加于被告的责任，而律师们却没有意识到，让事故受害者用自己的第一人保险制度弥补损失是一种更可行、且更简单的方法。法律论证（或许我们可以加上法制教育）经常以这样一个假设进行，如果受到损害的原告未能得到损害赔偿金，他将会身无分文。如果律师们早先就欣赏这种交替法的话，事故受害者一般肯定会有赔偿，那么责任规则的发展肯定就不一样了。实际上，不需要多加说明的是关于个人损害法律责任的巨大增长本身就强有力地植根于包含伤害风险的第一方保险——对于覆盖此类保险的风险来讲，这是个更好的方法。

可能还有其他的因素，但是这已经足以说明，我们今天的法律混乱并非由于一个单纯原因造成的。像这样的社会和法律问题总是意外出现，并持续很长时间，就如在此发生的一样。但是这个体制很乱。 158

第七章
这个制度有非补偿性救济金吗?

在上一章,我们认为作为一个赔偿制度,现行的法律既不公平也不高效。然而,我们现在需要提问的是这样的制度是否在其他方面还有价值。关于当前法律的一个令人吃惊的事情是法官们坚持认为这个制度是仅为赔偿制度设计的,但是此刻任何人如果提议这个赔偿制度应该被废除,由更好的制度取而代之,就会有人争论说这个制度在威慑或类似这方面上还有价值。现在我们就仔细分析这种说法。

❐ 惩罚和威慑

惩罚

我们已经看到法官们坚持认为索要损害赔偿金的目的是补偿而非惩罚。所以计算的赔偿金是按照原告所遭受的损失所计算的,而跟被告的行为有多么恶劣毫无关系。假如过失的基本界限就是全额赔偿原告——损害赔偿金的金额不会随着被告行为的恶劣程度增加,也不会因为被告竭尽全力而损害仅仅落入法律的最低标准而降低损害赔偿金金额。对于这个原则有一些例外,可以判给惩罚性的或示范性的损害赔偿,而且为了达到惩罚和威吓的目的,这些损失赔偿会公然地置于一个很高的标准;正如我们所提到的，对警察非法拘留和类似的索赔就属于这一类。但是在大部分普通的损害诉讼中，在事故中受到伤害的惩罚性损失赔偿几乎得不到赔偿。

很可能公众对损害赔偿索赔目的的理解在这一点与法官制定的法律不同。依照媒体的评论，许多人认为损害赔偿金应该作为一种惩罚非法行为的方式，对于那些原告没有遭受巨额损失，作为威慑而判给的损害赔偿金在7500英镑这样一个相对很低的数字上时，大家总是非常愤怒。很多律师会坚持认为公众混淆了惩罚和赔偿这两个问题，但是有很好地把两者分开的理由。比如，刑法一般不会惩罚单纯的疏忽，而仅仅会处罚故意犯罪。而道路上的疏忽构成例外，一名司机会由于未尽到应尽的注意驾驶而被起诉，但是也有很多其他事故在具体情形中根本就不构成犯罪。很多人或许会认为，由于疏忽这类细小行为所引起的事故都触犯刑法有点不合理——但是在许多此类情形中却存在民事责任。再者，一旦对所发生的事情有一些不确定，刑法要求超越合理怀疑的证据，因为把一个人判定为罪犯是一件很严肃的事情，或许有可能让他住几年监狱，除非我们非常确信他是有罪的，否则这么做就让人不能接受。但是在并不讨论惩罚的民法中，流行的是低标准的证据——仅仅需要证明原告的故事更合理就可以。这叫做盖然性的权衡证明（proof on the balance of probabilities），这在事故已经发生却几乎没有目击证人的情形有着特殊的重要性。 160

既然我们已经看到在大部分赔偿案件中损害赔偿金实际上是如何支付的，我们就应充分意识到不运用这些案件作为一个机会来惩罚被告的另外一个很重要的原因。因为我们已经看到实际上真正的违法者并不支付赔偿金，所以裁定要支付的损害赔偿金无论如何也不会惩罚到他。或许他已经去世，但是可以对其遗产裁定给付损害赔偿金，并由第三方保险公司支付。即使是裁定由公司承担损害赔偿金，我们认为公司某种程度上作为一个公司实体负有责任，赔偿金仍然不会损害到真正应承担责任的人的利益。当裁定警察由于错误逮捕而要给付很重的惩罚性赔偿时，我们也看到这个事实以一种荒诞的方式遭到漠视，再次说明，这些赔偿金是由公众而非由真正应承担责任的警官支付的。

所以在民事责任案件中，我们需要谨慎地思考法律的公平性和公正性——督促支付损害赔偿金已然毫无意义，因为有人已经做错事情了，而且他也理应受到惩罚。民事责任法如此失控的一个原因可能是公众对那些应该对事故和损害承担责任之人报复的欲望。这种报复欲望可能是好事，也可能不是好事，但是当它导致越来越多损害赔偿金时就产生误导了。

不幸的是，现行制度也在误导公众相信，只要裁定让不法行为人赔偿一大笔损害赔偿金，那就达到了公正。换言之，公众的报复欲望不仅会导致对赔偿金数额的要求越来越高，而且会导致程序忽视对应该遭受处罚之人的惩罚。因为整个法律的重点完全在赔偿上，这看起来转移了对有
161 罪方实施惩罚的注意力。发生的很多过失案件，一些个人，不论是否自己或(总是)公司的员工或公共机构官员是被告，都会看出他们有很大的过失——但是却丝毫没有惩罚他们。例如，仅在最极端的重大过失的情形，在致命事故的案件中才会提起一般过失杀人的指控。仅在道路交通事故中，惯例是起诉略为轻微的犯行，比如粗心驾驶或鲁莽驾驶。事实上刑法并没有任何关于粗心甚至鲁莽危及他人生命或安全的一般犯罪，这种不作为只能解释为是被一种错误观念导致的，那就是此类案件应由民事责任法来处理。刑法中还是需要这类犯罪的。

威慑

如果法律的制定并非是为了惩罚，那它还有任何威慑作用吗？有些人认为它还有作用。他们认为如果公司或公共机构有损害赔偿责任的威胁，它们就会避免从事过失行为。关于过失的法律在一些领域内的确对一些行为稍有威慑作用，但总体而言，如果弃之不用，也不会损失很多。

当然，我们可以摒弃在道路交通事故中过失法是一个有用的威慑这种想法。如果司机在路上粗心地开车或危险地开车，他们已经面临一系列的刑事惩罚。可以对他们实施罚款，严重案件甚至会导致入狱。他们会失去驾照。如果他们开车很糟糕很有可能会伤到自己。如果上述所有情况都不能阻止很多人的恶劣驾车行为，那么认为司机们会由于想到要由保险公司来支付损害赔偿金而受到阻遏的想法更是很荒谬。

这并不能证明公司和公共机构会由于法律责任的威胁而不这么做， 162
但是至少在个人损害案件中，看起来似乎已有很多其他原因来说明为何很多理智的公司或公共机构希望避免由于粗心而伤害其工人。除了完全不人道的故意置生命或身体于危险外，大多数公司发现他们如果造成伤害会受到经济处罚（接下来的是负面宣传）。有很多保护工人免受工伤的安全规章，很少会发生造成伤害但却不违背规章的事情。任何此类的违反行为都会使公司遭受罚款，尽管事实是不会为了微小的事故进行起诉，除非在某处真的有重大过失。在此说明，任何理智的公司都知道事故会造成其他的经济损失，而这与法律责任无关——实际上，有一项研究认为其他的损失可能超出支付的赔偿金。这些损失源于任何机构内由事故造成的破坏——工厂里的传送带或许需要停止，矿场需要关闭矿井，在严重事故情况下甚至连政府机构都要暂时关闭。所有这些将花费金钱，没有一家经营良好的公司能轻松地度过此损失风险，哪怕是他们愤世嫉俗地不顾工人或机构成员的安全。

另外，正如我们已经深入看到的，在大多数情况下损害赔偿金也并非由公司支付。真正支付的是保险公司。然而——一些人建议——保险公司对那些有糟糕事故记录的人应收取高额保险费，哪怕长期看来保险公司不会最终阻止法律责任具有阻遏价值。这是一个很有趣而且很精明的
建议，但是细节研究却无法对之加以证实。这个问题实在太复杂，但是基 163
本点就是保险公司不能而且也没有根据事故记录来更改保险费。这太复

杂了,而且从数据上看也太不可靠了。你不能认为因为一个公司一年有两到三次事故(在工业行业的平均水平是一年一个事故)就是经营不善,因此很有可能在明年,其事故量也超过平均水平。这就是数据的狡诈之处——当你像保险公司那样经常遇到大额数据时,数据狡诈(statistal quirks)总是频繁发生,所以不得不被承认就是如此。

把损害赔偿法作为一个威慑来依赖的另一个问题就是——没有人非常肯定在某些情况下它不会过分阻遏。比如,如果医生疑虑受到起诉的威胁(许多美国医生就这样),他们的一个趋势就是采取美国人命名的“防御式治疗”。意思就是在开始时医生让病人做非常多的检查和拍 X 光,这在医学上当然证明不了什么,但是如果以后有人起诉他们,这些可以保护医生。而这些检查和 X 光不仅是一种浪费(据估计,在美国每年有超过 10 亿的钱浪费在不必要的 X 光检查上),而且对病人会带来一些危险。把病人暴露在 X 光下会增加一些他们患某种癌症的几率。显然如果每年都有好几百万个不必要的 X 光检查,那就有可能增加一些患癌症的几率。但是由于永远不可能知道有哪些癌症患者的患病原因是由于做不必要的 X 光检查引起的,所以没有人能对此起诉。照此下去,过失责任会比阻止前造成更多的伤害(如果任何人以为本段的论点和先前认为在绝大多数情况下责任并不起威慑作用的论点不一致,那么必须要记住的就是在美国的损失赔偿案件非常多,因此一些保险费用——比如很
164 多医生缴纳的——按照英国的标准来说就是非常高额的;更重要的是这些保险费的确根据医生的记录而有所不同。但是此类事情在英格兰还没有出现)。

这种对过分阻遏的恐惧已经影响到英格兰的法官了,他们在一些案件中拒绝认为一些公共机构应承担责任,比如在一些案件中,因为警察没有逮捕杀人犯,所以有人主张警察应对谋杀负责。在诸如此类的案件中,过失责任会使警察当局调配他们有限的资源去消除被起诉的危险,这很可能影响更公正的判决且违反公众利益。在这些案件中不强加责任是有

充分原因的，因此这些司法决定中的部分裁决受到欢迎。

总而言之，过失责任作为一种强有用的威慑力看起来很让人怀疑，弃此不用不会有很大的损失。只有在很少的情况下才需要有特殊的考虑，如果法律将大范围修改的话，这些考虑就需要特殊的对待。但是这并非一个很大的问题。

□ 经济考虑

在过去的30年里，美国出现了大量的文献，它是由一个完全新的“学派”——法律经济学学者创立的。这个文献是从研究“防止事故”问题开始的，其中有一些对我们非常有用。这些学者们的探讨有一些复杂、全面，尽管其基本观点并非很难掌握。其基本观点是让人们对其引起的事故赔付，与其说是对特殊事故的阻遏，不如说是一种劝说他们花上适当的钱买平安的方式。

比如，假设一个公司对道路上的过失所引起的损害承担责任，我们就不能期望这会对特殊事故起到阻遏作用。但是或许我们可以期望公路运输公司或公共汽车公司在选择、训练他们的司机以及维护其车辆上花费 165
更多力气。假设一个非常大的公司发现它每年固定地要花费100万英镑来支付由道路交通事故所引起的损害赔偿金。他们就会有经济激励来花更多的钱以试图减少这个数字。假设他们通过一年花费20万英镑来训练司机和更好的保养车辆就可以减少其责任至50万英镑。很显然如果他们这么做，他们每年在总额上就能节省30万英镑——到那时就能减少事故数量。这个理论有时也被称为“经济遏制”或“市场遏制”理论，以区别于通过更直接的途径来遏制的简单想法。

有些人会根深蒂固地反对这种观点，因为他们认为没有人能用成本来权衡安全。商业活动（他们可能认为）应该和人从事这些行为一样安全,而非像公司所提供的安全程度那样。这是一个被广泛接受的但却是错误的观点。安全和危险总是相对的问题。从来没有绝对安全的事情。在社会中有很多事故,只要我们准备付出代价就能够阻止。比如我们可以通过禁止晚上通行所有汽车来避免道路交通事故。毫无疑问这种方法可以奏效,而我们并没有这么做的原因是它的成本太高了——不光光是金钱层次上的,而且涉及我们不得不放弃的。对于人类所从事的所有活动也是一样。

所以问题总是变成为了安全应该花费多少钱,而法律经济学学者们的回答是应该由公司根据其规定的安全层次来定所花的花费,但是公司必须意识到的是如果他们花费的太少,最终会花费更多,因为他们不得不
166 支付损害赔偿金。

这个理论的完整性依靠事故有"真正"成本这一假设,而损害赔偿金代表其真正成本。如果情况并非如此,那么不得不支付损害赔偿金的公司可以支付的很少也可以很多,而不管哪一种支付都会刺激在安全预防层次的投资,从而导致扭曲。

本书并不是对此理论的价值做任何细致的评估。我们所需要说的就是,有很多原因说明在现实生活中这个理论没有很大实用价值。首先,如我们一次又一次所强调的,公司(像个人)在这种情况下并不支付损害赔偿金,是由保险公司支付的。理论家们用我们已经注意到的论点做出回应说,保险公司可以根据个人投保方的业绩记录来适当划分保险费。但是这也是一个非常理论化的观点。在现实中并非如此,大部分的公司会发现由于他们的事故记录保险费被显著改变。只有对于非常大的公司才会发生此类事情。有 80% 的公司由于太小而不被保险公司评级,保险公司仅把大多数客户归并成群并做出相应评估。

关于这个假设存在的另外一个难题就是公司受到由这种理论所预先假定的那种长期财务计算的激励。或许公司就应该受到激励,但是真正运营公司的是活生生的经理和董事,他们则更被短期利益所激励。在现

代社会所遭遇的很多严重责任（职业病、污染等）都有很长的潜伏期，也就是说，那些其行为会涉及此类责任的公司可能在未来的20年或30年都免于任何难题——所以现今的经理都期望在责任发生前就退休或更换工作。所以如果经理仅仅考虑经济激励的话，那么他们就不太可能担心 167
这些长期责任，尽管公司作为实体最终将面临此种责任。

为何此理论不需要特别认真对待的另一个原因就是在现今社会，几乎所有有受伤可能的行为都以各种方式受到调整。许可、试验、检查、监督、还有刑事起诉，都是为了试图控制社会坚持的安全程度所寻求的可替代方式。只要这一系列的控制保持原状，那么公司是否在某种经济威慑下运营就不重要了。而且，有些行为更有可能受到公司名誉（随后就是利益）而非法律责任的激励。例如，因销售腐烂肉而引起大肠杆菌爆发的食品公司有责任赔偿因此而生病的顾客，但是却很难推断食品公司没有竭尽全力避免此类事件发生，哪怕他们没有责任支付赔偿金。只要公共卫生当局有权力调查，在必要情况下就有权关闭爆发此次大肠杆菌的公司，支付赔偿金的责任看起来完全没必要作为一种威慑甚至作为一种经济刺激。

最后的一个论点或许需要谨记于心。这个论点主要就是不同种类的活动不应该由其他的活动给予补贴，而是应该它们自己承担损失。如果可能的话，道路运输应该承担道路交通事故的损失；铁路运输应该承担铁路事故的损失；航空运输应该承担飞机事故的损失；航运交通应该承担航运事故的损失；诸如此类。就算我们能够想尽一切办法把我们的赔偿法律建构成这样，但是这个理论太不切实际了，不能为了达到目标而为我们已经扭曲的人身伤亡赔偿体系辩护。这些经济论点（比如在航运 168
事故中）在某类财产损失案件中更有说服力，在那种背景下我们就需要谨记它们。

公众责任

有时有人会认为，提起损害赔偿诉讼的权利是一个使大机构，无论是公共的还是私人的，对其行为更为公开地负责的有效方式。假设一个孩子去医院做个小手术或类似什么，很显然并非什么重病。如果这个孩子突然间去世了，父母肯定会非常吃惊并且遭受极大的痛苦。父母会发现他们很难揭露到底发生了什么，为什么会出现孩子的死亡，父母会通过提起损害赔偿诉讼来得到些许安慰，并借此把整个事件公布于众，以此来强迫医院当局必须去法院出示证据，孩子父母方的律师会通过盘问医院提供的证据来查明真相。通过这种方式损害赔偿诉讼就有了一种审问目的——这个目的并非是为了获得多少赔偿金，而是为了问问题和获得答案。

再举一个例子，这个案件在媒体上有诸多讨论，恐怕这些篇幅都不够写的，这就是对在学校受到欺负学生的损害赔偿，最终以支付 30000 英镑的损害赔偿金而得到解决。有很多人就会怀疑为一个小小的被欺负案件（尽管我先前曾指出，判决必须建立在受害人已经受到严重的精神创伤并且因此在一段时间内不能学习或工作的假设之上），就支付这么一大笔赔偿金的想法；但是其他人认为以此方法索要损害赔偿金的能力通过让公
169 众注意此问题而达成有益的目的。实际报纸上已经公布，这个案件把在学校受到欺负所获得的赔偿金带到了最高的水平。

主张法律诉讼在某些案件中可以有效地作为某种调查机制确实有些道理。但是不幸的是，损害赔偿诉讼非常不适合此目的，并且从总体上讲是利大于弊。一则，如我们反复强调的，损害赔偿诉讼的目的就是赔偿。这个法律有千万种形式，就是为此目的量身定做的。比如，假设，对于像医院这样的一些公共机构的行为，公众有足够的理由怀有不安，就如在上

一个假设的例子中。为了缓解公众的焦虑,公开调查已发生的事情可能是一项真正的公共需要,但是如果有人起草令状对医院索要损害赔偿金,公众调查恐怕是将要发生的最后一件事。首先,每一个人都会比原来更拒不开口,因为保险公司(如果有保险公司的话,若没有就是律师们)会让医院员工不要谈论任何有关问题。第二,如果真有什么医院想要隐瞒的不体面的事情,医院肯定就会支付一大笔钱来解决此问题。因为费用规则在第一章(见第 23 页)中已经讨论过,如果原告愿意冒着最后支付巨额账单的风险,他就只能拒绝报价并继续诉讼。即使是原告很愿意,并且也受到法律援助,但是法律援助机构很有可能会撤回援助资金。这个案件就不会继续下去了。换言之,就是因为法律的主要目的就是赔偿受害者,一个为了公众利益举行的公众调查很有可能会被取消。泛美全球航空公司(或其保险人)已经解决了大多数洛克比空难受害人的诉请或许可作例证。很显然,这些索赔是建立在泛美全球航空公司事先知道可 170
能有炸弹的威胁却选择忽视的基础上的。或许有人就会认为想把此断言全面并公开地调查一下与公众利益有关——毕竟关于坠机的科学原因总是由公共机构调查的。但是关于宣称提前知道的事实就没有经过公众的调查,而且直到今天世界上还是不知道宣称的真正原因。解决损害赔偿诉请已经处理了这些宣称。

但是即使是正在进行审判的案件,尽管不能否认在一些案件中这会引起公众发表对重要事件的看法,但是在有些方面对此调查处理得有些不合适。在损害赔偿索赔中,全部的焦点集中于原告的诉请,以及被告有关该原告的行为的合理性上。但是判断该行为的合理性常常是不可能的,除非在更广泛的背景中,这会要求法院进行更广泛的调查。比如上面提到的学校学生受欺负的案件。正如上面已经讲过的,有些人认为此案件只有一个作用,那就是把受欺负提到了学校日程的首位,尽管此案件已经解决并且没有经过审讯。但是不管怎么说,为什么是受欺负放到学校日程首位呢?学校在日程设计上有问题——危楼、班级人数、教学质量、像计算机类的对新设备的需要、学生逃学、考试结果等。这张单子是无穷尽的，还有校长、学校管理者和地方教育机构对解决这些问题应采用的平衡方法，这些单子中到底哪一个应该放于首位不是很重要。如果家长或孩子能通过写令状索要索赔而把欺强凌弱放于学校工作事项的首位，那
171 么家长或孩子实际上就获得优先待遇；我们是在允许他们而不允许合适的部门来决定到底什么才应该是学校工作事项的首位。所以这的确不是一个好主意。

在许多真的发生严重灾难或发生特别糟糕的事件的情形中，进行了公共调查，但是调查总是受命于部长们或政府，有时受命于地方政府，而他们的工作就是查明真相并给出建议。这些调查经常是由法官们或高级出庭律师们来进行的，而且和损害赔偿的审判非常相似——只是它们的目的并非给予任何人损害赔偿金。实际上它们较之为了这些目的的损害赔偿诉讼是更好的工具。同样的，不能否认的是在一些案件中，个体公民为了要求调查某些问题或某些事情而需要某个程序，如果他没有权利起诉，那么就会失去一个武器，尽管该武器不是最合适的，但在一些背景中还会有某些用途。这个难题的答案肯定在其他什么地方。或许答案存在于使公民可以获得由公共机构控制的信息的《信息自由法案》中。或者在某些案件中可以让公民根据自己的提议发起一个调查；或者（在有关学校的情形）答案在于更频繁地使用政府监察官。已经有很多的政府监察官可以调查关于个人对诸如医院这样的公共机构中的怨愤（像国民医疗监察官），而他们的调查不会收取原告任何费用。或许我们同样需要针对学校的监察官。或许地方评议员们应该更明白他们的职位是代表选民的（像国会议员们），并知道地方“诊所”也是公共问题出现的地方。本书并非要讨论对整个政治体制的改革，所以就此问题也不会在此继续讨论。
172 在此需要说明的是这些问题通过诉讼并不能得到很好的解决。

第八章
我们能做什么？

本书已经包括了关于损害赔偿索赔的很多不同种类，如果说总的想要传达一个信息的话，那就是整个法律责任体系需要仔细地审视一番。不幸的是却没有一个合格的人给这个制度该有的审视。主要的困难是这个体系非常之重要而不能单独委托给律师去做，但是又没有其他人非常了解这个体系并能够提出真正要求的彻底的改革。只有一个可能承担这个工作的机构——法律委员会——却与这个体系和其深层价值结构错综交错，不能对此体系提供所需的独立审查。从长期来看，解决此难题的唯一方法就是教育公众，让他们对我们所生活的体系本质有一个更加全面的认识，让他们明白是谁支付损失的。律师们也需要教育，因为尽管他们了解这个体系的基本内容，却没有全局的视角。特别是律师们几乎不知道那些非按通常方式提出法律索赔的案件。

但是本书的读者觉得他们应该有权利得知一些改善此体系的具体建议，本章剩下的部分将承担这个挑战。本章分为三部分。第一部分将会提出扩展至民事责任大多数领域的一些提议。第二部分和第三部分的重点将放在针对不同种类人身伤害的损害赔偿的诉讼上，包括来自于致命事故的索赔。

□ 对整个民事责任体系的新视角

很显然，像这样性质的书，我们也只能对像改革整个民事责任体系这么大的主题作出几个尝试性的建议,但是很多鲜明的观点在本书前七章已经出现。

首先,法律必须要反省一个事实:在绝大多数的损害赔偿案件中,损害赔偿金并不是由个人违法者而是由保险公司或其他大型机构支付的。对此产生的后果应该得到正视。首先,个体不法行为人目前总是得到从轻发落。损害赔偿法律并没有作出很大努力来惩罚那些对他人造成严重伤害或损失的有罪之人——而所谓的有罪之人,我说的是真正的负责之人,并非雇主或公共机构或保险公司。没有人愿意追究那些身无分文的有罪者,他们更愿意起诉粗心大意这样的小行为,有很多人逃脱了很严重的罪行,因为他们既没有被法律制裁也没有被雇主惩戒,更没有被职业机构惩罚。一个新型的由于轻率而危害公众成员安全的刑事犯罪需要被创设出来,这种侵犯应该全面施行而不仅仅处理驾驶犯行。对犯有真正严重过错、重大疏忽或轻率的雇员和专业人士的惩罚也需要得到更为认真的对待,不管后果是身体伤害还是单纯的经济或其他损失。

第二,法律对于替代责任、法人责任和公众责任需要全面仔细的检查
174 一下。在替代责任案件中应该废除惩罚损害赔偿金——它跟所有的原则相悖,为另一个人的罪行而惩罚这个人,这么做没有任何作用。如果被告是一个公司或是一个公共机构,即使是普通的民事责任损害赔偿也应该长期仔细认真地审视一下。每一种损失赔偿案件都要仔细检查一下它是在何种情况下提起的,是原告还是被告更合适通过保险来覆保风险。当然,在被保险财产的情形,由于火灾引起的财产损害责任应该被废除,这也是通过另一种方式来说明代位原则在这些情形中应该被废除,那么在其他情形中可能也是一样。这样一项小小的改革可以简化法律,同时节省公众的钱财。

下面将对人身伤害责任进行更全面的讨论,在此主要要考虑的问题就是对经济损失和新型伤害或损失(就是不属于传统类型的人身伤害或

财产损失类型的），让公司或公共机构要承担多大的民事责任。对此种问题的调查不应该局限于有关过失的法律，必须要考虑到的是合同法。从细节上对此进行调查将把我们带入超出本书范围的领域，但是我们已经看到一些案例（像摄影师对丢失胶卷的索赔，见上第 137 页），在这些案例中，现行法律允许那些与公共消费者利益相悖的索赔。这些类型的索赔也应该被废除，尽管废除需要伴有保险公司提供的保护消费者的新型工具，如前面所建议的（详见第 137 页）。

在经济损失的情形，会计师和其他专业人士承担的无限额的责任也需要被废除。这个提议不是要求公众的同意，一个合理有效的改革应该将这些公司的责任限制在某个整体的数字上，它可能处于公司保险范围 175
的现有额度内。当然，如果对此种类型的责任不采取任何措施，那么由于一些巨额法律索赔，一个大公司从资金破产到完全垮台仅仅是一个时间问题。那时就会有一些政府的调查，法律到那个时候也就改变了。但是在该制度的主体失败发生之前就进行改革不是更加明智吗？

超越这些具体提议、并且是迫切之极的就是把法律从影响它几十年的强硬的家长制意识形态中转移。如我们所看到的，家长作风隐含着很多的归咎文化；它鼓励人们认为其他人有责任采取预防措施防止伤害或事故的发生，而且其他人有责任通过保险或其他形式来保护他们自己，特别是当不幸降临的时候。这些信息通过父权制意识形态传递，其危害仅次于灾难，并且也跟福利国家在全盛时期的文化紧紧相连——国家对公民应该"从摇篮到坟墓"负责的想法。事实上，很可能就是这一福利国家理念的逐渐瓦解驱使了今天如此多的诉讼。在不管发生什么不幸、国家永远照顾他们的信念下长大的人，当他们发现国家不会也不能实现这个期待的时候，不得不受驱动找个人起诉。从社会的角度看，对这些问题并没有明确的解决方法，尽管诉讼对一小部分获胜的原告是一个解决方法。从长期来看，对此问题的唯一解决方法就是更广泛地推广第一方保险。

即使有的地方真的需要家长制，那也是因为社会在照顾那些不能自
176 己照顾自己的人，因为他们（比如）是需要照顾的孩子或精神病人，我们
需要极其小心地区分我们想把援助给予那些真正需要帮助的人的愿望和
我们败诉时支付赔偿的义务。从这个角度来讲，法律目前还在在正轨上，
尽管受到欧洲人权法院的挑战。

❐ 人身伤害：一些死胡同

现在我们来看一下关于对人身伤亡和致命事故赔偿金制度的改革可能，这些必须是大范围的，不仅因为其本身的重要性，而且还因为这个话题在很多国家已经辩论过很多年。

我们已经看到绝大多数裁定的损害赔偿金都由保险公司支付，这也就是说事实上是保险公司在处理和执行这个制度。当然他们是在法院的监督下完成的，而且任何人如果认为他和保险公司的交易不公平还可以“上诉”，当然还是上诉到法院。尽管有些像中央政府（王室）这样的公共机构或许还有非常少的私人机构都没有买保险，但是这不会改变总的赔偿态度。

现今这意味着我们拥有的制度事实上是个保险制度，我们也需要这样来看待它。如果你有保险单而你发现它并不提供你想要的保险范围，并且成本太高，那么你的自然反应就是换一个保险范围更广的价格更低的保险单。这样的话，社会作为一个整体发现它所提供的保险制度范围太有限并且价格太高，社会就会改变其保险制度。

首先我们来扼要重述一下这一可以把它当做实际政策等同物的保险
制度。这个“政策”或制度给你提供一种避免在证明是因他人的过错而
177 造成的事故中受伤亡之风险的保险（或者在你被害时，给你的被扶养人提
供保险）。如果你在保险范围内，那救济金会是非常的多；尽管在严重的

事故中它们很受欢迎,但是坦白地说,在小事故中它们经常是过于慷慨了。你是否真的愿意让保险范围涵盖擦伤风险和细微的磨损风险？如果你不得不单独支付这些,你还想要保险吗？所以,有些救济金额度太大了,但是另一方面,跟普通的生命风险比起来保险范围又很小。事实上没有涵盖疾病或自然死亡的保险;特别是没有任何保险涵盖可能影响孩子的出生缺陷,甚至是在因事故受伤的情形,保险也是非常有限的。对道路交通事故的赔偿是很丰厚的,但这也仅仅能覆盖 1/4 的道路交通事故受害者,或者稍微多一点。但是把所有的事故都考虑进去,那赔偿就无可救药地太少了。如果你是一个事故受害者你获得损害赔偿金的可能性少于 1/10;如果你由于其他原因而残废,那么你获得损害赔偿金的机会也只有 1% 或 2% 。为了这样一个不完整的有限的保险范围,你以第三方汽车保险费的形式支付了相当僵化的保险金,还要加上对你所购买的货物和服务征的税。这个保单还不够好。如果你有保险经纪人,你让他帮你找一个可以包含事故险和伤害险的保险单,他会告诉你第三方保险就是最好的了,你却很难相信他。

所以,对此我们应该怎么办？我们将首先探究一些行不通的提议,然后将继续列出一些更有前景的提议。

第一种可能的改革:按照赔偿标准给每个人赔偿

因为对于那些为现有“保单”或制度覆保的人的赔偿看起来还不错,
而且确实很慷慨,或许想出来的第一个解决办法就是把保险范围扩展到 178
所有的事故受害者和所有因自然原因而残疾和无能力的人。天啊,仅需要一分钟来看看这个数字就会发现这个解决方法是完全不可能的。根据我们的粗略估计,今天花费在损害赔偿金上的大约是 10 亿英镑,再加上 80 亿英镑的制度管理费用,而且考虑到这些慷慨赠与物仅仅覆盖所有受伤的和残疾之人的 1.5%,很明显就能看出,若把此制度扩展至每个人,那么每年的赔偿账单就会是 66 亿英镑左右，外加管理费用。尽管这笔费用会大量减少（相称地说），因为在一个普通方案中费用会更低，但也不可能少于总支出（报销）额度的 10% 到 12%——赔偿金和管理费的总额每年大约在 75 亿英镑左右。这个数字跟今天的整个社会保障预算的总额很接近，和政府所有开销的 1/4 差不多。所以这种赔偿制度就要包含大量增加的税收，而且恐怕还要优先于像学校、国民健康服务（NHS）、治安等其他政府服务费用在未来的增长。很明显，这并非一个可考虑的提议。

但是如果对所有残疾的和受伤的受害者无法给予侵权水平的损害赔偿，继续扩展侵权制度是毫无意义的。如我们前面所见（见第 32 页），扩展也仅仅是再把 1% 到 2% 的受害者压缩到特权阶级，他们能够幸运地得到损害赔偿金，而留给其他人的是越来越少的钱。

第二种可能的改革：搁置目前的赔偿体系，逐渐增加对他人的救济金

179 粗略地说，这项政策是西欧在 20 世纪 60 到 70 年代采用的。损害赔偿金标准并没有降低（事实上它们反而提高了），但是给其他受伤者和残疾者们提供的是逐渐增长的社会保障体系救济金和其他国家福利救济金。在某些方面，这些救济金开始变得相当有价值，特别是对于长期和终身残废者而言。虽然社会保障制度从未像损害赔偿法那样一次性施舍大笔金额，但是终生发放的抚恤金实际上也是一笔不小的数目；并且有些国家福利救济金（比如对终身工伤和严重工伤者的抚恤金）的数目在一些情况下并不少于损害赔偿金标准。所以尽管基于上述给出的改革，这是一项拉平的改革，可以说很清楚的一点是这种拉平不会继续，除非能够达到某种平等。

不幸的是，即使是这些政策上的拉平近些年也偃旗息鼓了。社会保

障花费停止了像20年前那样的极速增长，实际上，在最后这些年它反而下降了。政府一直在努力地削减社会保障预算，而社会保障预算消费仅占总税收的1/4，并且看起来就算是选举工党也没有可能得到很大的改变。事实上，有很多征兆显示将来的政府会试图说服更多的公众通过个人办理保险来避免越来越多的由社会保障来承担的风险。此外，判决的损害赔偿金也呈现出增加趋势，所以关于判给损害赔偿金的少数特权人群和不幸的大多数人之间的鸿沟会更大，并且很可能在将来还要更大。所以此种改革看不见任何希望。

第三种可能的改革：国家事故赔偿方案

在20世纪60年代，全球都被新西兰大胆且具有戏剧性的伍德豪斯报告激起巨大的兴趣。1967年，伍德豪斯大法官先生以一个详细的且非常具有说服力的报告，提议所有的对意外的人身伤害的损害赔偿责任都应该被废除；并且应该由国民事故赔偿方案来代替。在此方案下，国家委员会应该承担起保证每一个人免受任何事故引起的人身伤亡的工作。这个赔偿提供的虽不像法律诉讼中判给的损害赔偿金那么慷慨，但也不是吝啬鬼。每一个失去收入的人在赔偿中大约可以得到其收入的80%（根据其原来的工资），并且在一些特别严重的情况下，其他的经济损失也包含在内，比如改装房屋以适合残疾人生活的费用，甚至是为了同样的目的改装一辆车的费用也应该包含在内。医疗费用也包含在内。就是没有对疼痛和痛苦的赔偿，尽管报告并没有完全排除在严重的情况下对愉悦的丧失给予小额偿付。 180

报告中最引人注目的事情就是，它估计，所有这些救济金可以以几乎不超出损害赔偿制度下支付的赔偿的既有成本的费用予以提供。这可以相对容易地以通过取代既有的第三方保险费而对开车者征税，通过取代雇主为其责任险已经支付的费用而对其征税的方式来募集资金。

通过数年的详细讨论和进一步的辩论,新西兰议会于 1972 年实施了伍德豪斯的方案。这个深远的改革得到许多国家的致敬,如前面出现的英联邦,同时也对皇家委员会的任命增加了压力,要调查这个国家的问题。经历过酞胺哌啶酮悲剧后——总共有上百个残疾畸形婴儿出生,其
181 母亲们被开出了使用酞胺哌啶酮药的处方,公众们发现代表这些婴儿提出的损害赔偿诉请持续 10 年没有得到解决,皇家委员会最终也只能安排皮尔森勋爵。但是皇家委员会并没有沿着伍德豪斯大法官先生的康庄大道前进。这个报告提出了上百种细小的建议,但是不同意废除损害赔偿诉讼,也不同意任何可能支撑它基本观点的建议。它的确制造了一个混乱的事实和数据(本书已经全面地引用和使用),但是最终这个报告的大部分内容还是被抛弃了。尽管有许多专业律师仍然相信国民事故赔偿方案是解决这个问题的答案,但是现今这种方案更加没有可能性。这种形式的改革被认为是下一个阶段的改革,其原因很明显。

第四种可能的改革:综合的国民赔偿方案

尽管伍德豪斯报告和后续的新西兰立法存在很多吸引人之处,但是也遭到很多怀疑。一个主要的疑虑就是报告和立法对因自然原因而患有出生缺陷或残疾者什么都不做。所以从某种意义上讲,这个报告急剧地扩大了特权受惠者们,但是仍然没有抓住本质的不平等。一个因为给自家房子刷漆的人从梯子上摔下来并受伤很重,现今可以得到赔偿(这在英国还不允许),但是一个因为有病需要通过手术截掉一条腿的人却没有获得赔偿。伍德豪斯大法官先生陈述得很清楚,他认为没有理由他制定的
182 原则不能扩展至所有的残疾人,1972 年他受到新当权的澳大利亚工党政府的邀请,前往澳大利亚并带领一个小委员会为这个国家制订些建议。(现在的作者,当时就在澳大利亚国家大学教学,也是这个委员会的一员,但是在报告公布前已离开澳大利亚)

澳大利亚伍德豪斯委员会制订了一套由两个部分组成的建议。第一个大致和新西兰的建议一样；但是第二个是一系列更深远的建议，将略作修订后的事故方案扩展至所有因自然原因而发生的残障和出生缺陷。这个庞大的社会福利方案估计要支出相当于基本事故赔偿方案四倍的费用，尽管是相当巨大的一笔开支，但对于现代社会来说无论如何也不是没有可能的。但是澳大利亚委员会从来没有实施过此提议的任何一部分。澳大利亚议会拖拖拉拉的很多年来对此做了详细调查，最终工党也下台了，而被更加保守的政府所代替，这些建议也就被束之高阁了。

除了具有乌托邦的特点，伍德豪斯方案已经不再像20年前那样具有吸引力了。两者都涉及对某种福利国家的庞大的官僚主义的扩展，这已随着政府和选民一起过时了。他们过时的原因不仅仅是因为公众观点的正常变动，而且还因为在相似的官僚方案的经验在现代社会已经完全无法令人满意。有很多原因已经证明它们不能适应社会了：第一，它们的成本估计几乎总是被证实是过于乐观，正如已经实际发生在新西兰的那样，最近它们的立法被削减，部分原因即为成本问题。这通常是因为对慷慨 183
的赔偿方案实际上改变人们行为的方式来留下充分的余地。那些声称在事故中受伤的病人可以得到他们平时收入的80%，他们觉得发生事故后，比起去上班，在家休息生活也同样可以达到富裕水平。关于工人在受伤后不能工作的时间，立法前的数据在实施这个方案后已经证明是不可靠的。第二个问题就是很多这种类型的新方案总是放弃需要修订的待遇上的异常和不一致；趋势就是修订案还是更有利于受害者，并且成本再次提高。第三个问题是这种方案被证明太僵硬了。它们涉及对许多不同的难题施予同样的解决办法，对诸多不同情况中的人给予同样的救济金。简而言之，它缺少市场化解决方案的灵活性。

第四个问题，特别是像澳大利亚伍德豪斯委员会提议的第二部分那样的庞大的社会方案那样，它们的确看起来具有与“归咎文化”并非不相似的效果。虽然它不鼓励公众因自己的不幸而责备他人，但是它却鼓励公众去认为，在不幸发生后，收拾残局是他人的职责。这当然是在政治上有争议的问题，而且像本书这样的著作也不可能完全对其作出评价；但毫无疑问的是绝大多数西方国家目前的情绪是很敌视这样的观点——认为政府的工作就是出现问题的时候把它们处理好。

同样容易看到的是，政府沿着这些线路走出的每一步是如何不可阻挡地导致要走下一步。伍德豪斯事故方案导致需要有伍德豪斯疾病方案。但是这个程序到哪里停止？如果所有事故死亡者都要求得到国民赔
184 偿方案，那么所有病死者也要包含进去吗？这意味着国家要接管人寿保险业的大部分工作。我们真的想这样做吗？再一次，如果由于事故致死而变成寡妇的人能够得到慷慨的赔偿救济金，那那些被抛弃的妻子们呢？难道我们今天不把她们和那些寡妇看做同一社会分类，有着同样的需求吗？如果包含了这些被抛弃的妻子们，那还有单身妈妈呢？或者单身爸爸？很显然，赔偿方案不可能接管国家所有的社会政策。那会是摇狗之尾(the tail wagging the dog)的情况。

伍德豪斯方案是很有远见和魄力的方案；但是沿着这一路线的改革作为21世纪这些难题的答案似乎并不可能。在伍德豪斯报告中出现的一件有着持久重要性的事情是说明了现存的个人损害赔偿制度是不公平的和低效的，应该被废除。尽管如上所述，新西兰的立法遭到缩减，但它自从引入国民赔偿方案后没有抛弃的一件事就是决定彻底废除损害赔偿诉讼。

展望：道路交通事故

在这部分和最后一部分略述了一些建议，恐怕要过很长的时间才能给事故和损害的赔偿一个更现代的、更理智的制度。我们先来看看道路交通事故。

一些国家，还有许多美国、澳大利亚和加拿大的独立州和省都已经建

立起特殊的无过错的道路事故赔偿方案。虽然制度之间差异很大，但它们全部是为了那些在交通事故中受伤而不需要证明过错的人设计的，并且依据的是第一方保险原则。因此涉及全体，或几乎全体（偶尔存在一些例外，像那些“重罪犯”或酒驾司机）。通常这些方案在收入损失或医疗 185
费用方面有合理的赔偿，但是却不赔偿由此带来的痛苦和疼痛。有时候这些方案完全代替了损害索赔；有时候这些方案虽提供了保险金却不剥夺受害者诉讼的权利，尽管在那种情况下方案会要求从获赔的损害赔偿金中扣减（或偿还）无过错的救济金；在美国的一些州，诉讼的权利仅保留给那些严重的伤害。有时候保险由私人保险公司处理，处理方式和车辆综合保险制度是一样的；在另外一些地方人身伤害保险是由某类州委员会或州的政府管理机构来处理的。

实际上任何一个无过错方案都要好过目前我们的赔偿制度，尽管到目前为止最成功的是那些完全废除对损害赔偿起诉权利的方案。无过错方案操作起来更经济，而且涉及的保险范围更广；这个方案通常在事故发生一周或一个月内就能开始偿付收入损失，比现在的损害赔偿制度快多了。这些费用不会由政府承担，而是轻松地就从对司机的税收中（代替现有的第三方保险费）获得。受害人和另一方的保险公司的敌对关系就轻松地化解了，取而代之的要么就是第一方承保人，要么是非牟利性的政府机构。

由私人保险公司管理的道路交通事故无过错方案实际上很容易引进入这个国家。因为有大家很熟悉的且强有力的可实施的第三方保险制度，这就会非常直接地废除由道路事故损害赔偿所引起的法律责任，取而代之的就是对自己保险公司的索赔（为了保证对道路事故的全面覆盖，有必要像国外的许多方案已经规定的那样，规定，如果乘客和行人没有被覆 186
盖在自己的保单里，就应该为事故中关涉车辆的保险所覆盖）。这样的索赔一般和你在全险情况下对你车辆损坏的索赔一样。如果你在事故中受伤并因此失去收入，保险公司肯定会要求你的医生出具你无法工作的证明，只要一个简单的表格雇主就会照发给你工资，而救济金也会很快地发下来。看起来一个像这样的方案不可能比现行的制度成本更高，现行制度之所以到处都是荒唐的赔偿、低效的和不充分的赔偿，就是因为本可以通过无过错方案使法律和行政花费节省很大一笔费用，还因为可以通过消除对轻微损害索赔的支付来节省。对美国多种无过错方案的详细调查研究已经证实这点。

在理论争辩上肯定会完全自愿倾向于这种新型的保险，但是如果真这么执行的话就会有很多人得不到任何赔偿。所以出于纯粹的实用原因，必须对此保险进行强制实施，就像对第三方保险那样，当然如果转向第一方保险方案也会有很多的优点。一方面，这有可能限制保险中的强制因素，同时允许对增加的保险金进行可选择的额外保险。比如想想原本应该由第一方保险承担的收入损失这一部分。所以没有任何理由不把这个保险设定在一个非常合适的水平——比如一周 250 英镑——只要人有权利在他愿意的情况下增加他的保险额度，并且愿意支付由此引起的额外保险金。当然，目前第三方责任体系对于在可以证明过失的前提下，收入损失赔偿是没有上限的——所以流行歌手或网球明星可能就因为几
187 年的收入损失而得到几百万英镑的赔偿（详见第 9 页），这些赔偿金自然出自于那些收入低的保人的保金中。在第一方保险制度中，绝对没有理由坚持要求每个人都要对高收入损失予以保险，如果他并没有高收入，而且不可能再有高收入的话。实际上，对于一些人——比如说罪犯——就没有特别明显的理由强制他们进行收入损失保险。如果让他们这么做的话只能使得现行体制的不公平性永存下来。同样的道理，汽车司机应该可以选择他们是否想要第一方保险下的生命险。有很多人在有了很多传统种类的生命险之后感觉没有必要再办理额外的道路事故生命险。有些汽车司机没有家属，所以他们认为办理生命险没有任何意义。其他人可能把购买重大生命保险作为一个额外的选择。为什么他们必须要买呢，就因为第三方保险制度有效地强迫他们去买吗？

只要出现市场需求,其他种类的额外保险无疑也是可用的。比如,如果人们真的想要买一些包含非金钱损失的保险,保险公司无疑会把这个当做一个额外可选择项,但是没有理由把它作为一个每个人必须买的强迫性行为。尽管可能会有一些“灾难”因素是需要强制性保险的——那就是在事故中遭受真正可怕的伤害,受害者遭受全身截瘫或诸如此类的灾难。在类似这样的情况中,很明显,真正的关键指向特殊程度的保险范围,而无关经济损失。

展望:其他事故和伤害

像这种无过错道路事故方案如果建立起来,那么其他类型的事故和 188
伤害,和由于其他原因造成的残废应该如何处理?在这样的一些案例中,用第一方保险代替起诉的权利并非那么容易,因为我们并没有这样一种覆盖面广且完善易理解的保险,像汽车保险制度那样可以轻易地转换成第一方保险制度。事实上是有一些有限的领域,像劳工补偿或医疗事故领域都需要建立特殊方案,而一些国家已经建立起来了。但是就算这样,肯定还有很多事故,诸如那些发生在家里的,或者发生在运动场上的,抑或发生在学校的事故,都是没有被任何无过错方案包含在内的,只能受制于那些损害赔偿诉讼的反复无常和无效率。

只有一个真正有效能解决此问题的方法。对个人损害赔偿的法律程序应该废除,把第一方保险留给自由的市场去解决。这个提议或许初看起来有点革命性质,但是经过仔细思考,会发现这是一个对目前发展趋势的自然发展过程的一个完美方法。

首先,大家可能认为对个人损害赔偿的法律程序绝对是我国法律制度的一个里程碑。这种类型的法律责任制度实际上是来源于现代法律体系。它有一百多年的历史,它的发展和第三方责任保险制度的发展是一起的。换句话说,这种作为收入损失保险通常衡量方法的法律诉讼是在现代社会随着保险变得越来越普遍而发展起来的。不幸的是这个法律从刚开始就走错了,它发展并鼓励第三方保险而不是第一方保险。所以今天对个人损害赔偿法律制度的废除仅仅意味着把偏离了一百多年的法律拉到正确的道路上。有很多国家已经废除了特殊种类的损害赔偿法律制
189 度,像道路事故和劳工补偿伤害。没有证据显示这会引起任何形式的不满或公众怒火,只要某种充分的替代的保险制度就位。

本书中提供的对个人损害赔偿法律制度的详细批评一点也不新鲜。所有这些批评在过去的三十年里已经被反反复复做过,其中最有效的还是伍德豪斯报告。这些报告过后唯一有改变的就是提议用国家赔偿制度取代损害法律制度,现今看来已经被无限延期了。对损害法律制度本身的批评现在还是完全有效的。因此,在今天建议废除之后应随之而来与现今和可能的未来趋势更相符合的替代物,就很自然了。并且这看起来毫无疑问——不管将来的政府多么复杂——在这些事情上的趋势是要求人们在生命风险上承担越来越多的责任。

并且,就算对现行制度的废除得到同意并且执行,唯一的可能的实施方案在今天就是(除了道路交通事故)把这些都留给自由市场来处理。如果我们不这么做,我们就会以一堆特殊的保险方案而告终,其中的一个是关于道路事故的,一个是关于劳工补偿的,一个或许是关于医疗伤害的,一个是关于体育伤害的,等等。对所有这些种类的伤害支付的赔偿金无疑会依个案而不同,并伴随和我们今天拥有的同样数量的不正常和荒谬。只有我们允许人们有自由的选择,来自由地决定他们需要的保险才能让人们接受保险的多样化。

190 当然在实施这一改变之前需要几年的转换期,而且在这期间,保险公司需要在政府给予的压力下制定出一些可行的提案,建立能够包含普通事故类型的有关第一方保险的方案。通过这种方法鼓励人们对自己和家庭购买保险防御这些风险。毫无疑问,这不可能单靠一个保险单就能完

成——要鼓励很多人一起购买保险。比如，学校应该购买无过错保险来防范孩子们受到运动伤害（这个已经开始实施）。应该鼓励雇员们和工会合作购买防范工人遭受工业事故的保险。房主保险单应该在房主无过错的情况下防范家庭内部事故。应该鼓励怀孕妇女来购买防范生下残疾儿童风险的保险等。没有人能够预测这个方案如何实施，因为我们在这方面从来没有一个自由市场，它是在不存在损害赔偿的法定责任的框架内运行的。一旦这种类型的责任开始实施，并伴之以第三方保险，保险行业肯定会提出各种关于第一方保险单的新提案。

毫无疑问，最棘手的问题围绕着自然灾害和环境引起的残疾。公众一般不太习惯对这些风险进行保险，但是对此类问题不进行保险就意味着对一个因为脑膜炎而失去双腿的小姑娘什么都做不了，这是我们在本书开篇就讲到的故事中的一个。无论如何，对此类风险的保险保护应该建立在任何一个新的制度中——保险公司肯定应该努力思考出对此类保险能引起大家购买欲望的广告；或者是政府应该鼓励人们在他们孩子出生时就办理保险，通过附加在生孩子的费用中。问题不那么容易解决，想 191
法需要在保险公司、社会服务机构和社会保障机构中协调。但是基本点就是慢慢鼓励越来越多的人办理第一方保险，国家仅仅扮演一个对那些根本没有保险的人的一个应急保护机构。

在这一过程中会有大量的益处。第一，我们可以摆脱那些由于索赔和第三方保险引起的法律费用和行政费用的浪费。纳税人获得的和支付的保险金一样，因为大法官会突然发现他不再需要那么多的法官，法律援助的费用就会削减。政府自身不再需要对人身伤害支付赔偿金，并且可以摆脱（或重新部署）许多它现在雇来处理这些案件的律师（尽管律师们会强烈反对这些提议，从长远看，对法律服务的需求不可能降低很多——由我们的欧盟成员身份对律师提出的额外要求使得他们可能在某一代形成短缺）。

第二，这将会广泛扩大保险范围，大多数人都可以用它来防范多种多样的风险。人们不再仅就某些伤害获得很小的，常常是微不足道的获赔巨额损害赔偿金的机会，而是有更好的机会就所有的或者是大部分的伤害获得合理的赔偿。而且，补偿将可以在一个比现行彩票制度更加公平的基础上获得——总而言之，你选择了什么就会得到什么赔偿。

第三，这项改革将会开始抛弃现行法律和实践对事故伤害和其他原因造成的残疾的人为区分。尽管这样做不可能类似于雄心勃勃的澳大利
192 亚伍德豪斯提议，像其那样将所有的残疾和疾病都同样（或多或少地）作为事故纳入，但是这项改革仍会开始让人们思考是否给自己由于非事故原因而遭受的残疾购买保险。

第四，向自由保险市场的转换将会在今天显著缺乏的领域引入大量的顾客自由选择——正如我们所看到的，这样做能够让人们来决定他们想要的保险的档次，自己决定他们是否想要生命险或者其他。而且，这还可以更公正地分摊很多事故造成的负担，目前的第三方制度倾向赔偿高收入的人而歧视低收入者、失业者和退休者。这意味着合适的人将会就其自己可能的收入损失支付保险费（insurannce cover）。

第五，这将会免除敌对的过程，特别是在一些起诉医院的案件中。

有些人或许会反对说，这个主意对那些能够自己支付保险金的人来说非常好，但是那些支付不起保险金的人怎么办？对此的回答是几乎每一个人通过废除现行的体制都会节省更多的钱来支付新型的第一方保险。特别是最穷的人将会从他们的汽车保险费中省出钱来，因为汽车保险费对低收入者或者对于那些不需要收入损失保护和生命保险保护的囚犯来说将会大幅度降低。而对那些甚至连车都没有的人将会节省货物和服务的费用，因为企业不再需要支付巨额保险费来防范损害赔偿诉请的风险。当然一些国家的社会保障安全网还是需要的，因为有一些人什么保险都没有。

193 这才是需要为之奋斗的改革。

索引

（索引项中的数字为原书页码，在本书中为边码）